아이들이
교회로
몰려온다

아이들이 교회로 몰려온다

© 생명의말씀사 2017

2017년 8월 14일 1판 1쇄 발행
2020년 5월 25일   9쇄 발행

펴낸이 | 김재권
펴낸곳 | 생명의말씀사

등록 | 1962. 1. 10. No.300-1962-1
주소 | 서울시 종로구 경희궁1길 5-9(03176)
전화 | 02)738-6555(본사) · 02)3159-7979(영업)
팩스 | 02)739-3824(본사) · 080-022-8585(영업)

지은이 | 임만호

기획편집 | 서정희, 장주연
디자인 | 김혜진
인쇄 | 영진문원
제본 | 정문바인텍

ISBN 978-89-04-07138-8 (03230)

저작권자의 허락없이 이 책의 일부 또는 전체를
무단 복제, 전재, 발췌하면 저작권법에 의해 처벌을 받습니다.

아이들이 교회로 몰려온다

어린이 100명에서 1,600명으로 성장한
군산 드림교회 교회학교 기적의 스토리

임만호 지음

CONTENTS

추천사　9
프롤로그 _ 저절로 되는 법은 없다　16

PART. 1
드림교회의 기적은 어떻게 시작되었을까?

임 만 호 목사

: 교회학교 100명에서 1,600명으로

1. 전통 교회가 변화무쌍하며 역동적인 교회로 변한 이유	24
2. 담임목사의 교육 철학이 교회학교를 바꾸다	27
3. 부흥의 동력은 교사로부터 시작된다	31
4. 전 교회적으로 기독교 세계관 교육을 실시하다	35
5. 하나님의 사랑은 명사가 아니라 동사다	38

Book in Book　임만호 목사와 함께하는 1:1 코칭 Q&A　　40

PART. 2

교회학교의 모판
미취학부

황 명 철 목사

: 영·유치부는 교회학교 영적 모판을 채우는
 씨 뿌리기 사역이다

1. 영·유치부 시기는 '신앙의 골든타임'이다	57
2. 교역자보다 더욱 빛나는, 헌신된 교사들	60
3. 아이들의 눈높이에 맞춘, 예배	64
4. 슈퍼맨이 찾아가는, 특별한 심방	67
5. 최대의 시너지를 내는, 가정 사역	68
6. 하나님의 마음을 품고 복음을 전하는, 전도 축제	69
7. 한 영혼을 주님의 제자로 세워 나가는, 제자훈련	71
8. 끊임없이 교사를 깨우는, 교사 교육	74

PART. 3

세상 속으로 전진하는 어린이부

최 창 수 목사

: 유 · 초 · 소년부는 주의 나라를 위해
 사명을 따르는 제자들의 양성소다

1. 사랑하면 일한다	81
2. 철저히 아이들 눈높이에 맞는 예배를 디자인하라	83
3. 전도, 아이들이 움직이도록 하라	88
4. 어린이를 제자화하라	99
5. 부모와의 소통은 필수다	108
6. 학교에서 기도하는 초딩들의 이야기, 스쿨처치	109
7. 하나님이 맡기신 아이들을 치열하게 사랑하라	115

PART. 4

소통으로 성장하는 청소년부

이 정 현 목사

: 청소년부는 사춘기 아이들이 그리스도인으로서
 정체성을 확인하는 장이다

1. SSS원리를 추구하는, 소통이 있는 예배	121
2. 청소년부를 성장시키는 최고의 무기, 소통이 있는 제자훈련	128
3. 청소년들이 자발적으로 복음을 전하는, 소통이 있는 전도	138
4. 매일 학교에서 하나님을 예배하는, 스쿨 처치	147

PART. 5

모였다 흩어지기를 반복하는 여호수아 청년부

이 준 탁 목사

: 청년부는 영성, 지성, 야성을 겸비한
 차세대 리더들을 세우는 훈련소다

1. 영적 야성이 넘치는 청년부의 비결, 예배와 기도   158
2. 공동체에 대한 남다른 사랑으로 흩어졌다 모이는 청년들   160
3. 교회 구석구석을 섬기며 헌신하는 청년부   162
4. 드림교회만의 특화된 청년 7년 커리큘럼   163
5. 여호수아 청년부의 양육 및 다양한 프로그램   173

부록 부서별 교육 계획안   182

추천사

'십자가의 사랑과 복음'에서 흘러나오는 기본적인 원칙이
교회학교 현장에 제대로 통했다는 사실 때문에 더 감동적입니다

교회학교 현장이 힘들고 어렵다고 호소하는 이야기가 들린 지는 꽤 오래 되었습니다. 현장 곳곳에서 들리는 아우성은 듣는 이들의 마음을 아프게 합니다. 이런 가슴 아픈 현실에서 군산 드림교회 교회학교의 부흥과 성장 소식은 얼마나 감사한지요.

더군다나 드림교회 교회학교 부흥의 원동력이 아이들을 향한 사랑으로 무장된 교사들의 눈물의 기도에 있다는 것 자체가 큰 은혜가 됩니다.

세상적인 방법으로써가 아니라 '십자가의 사랑과 복음'에서 흘러나오는 기본적인 원칙이 교회학교 현장에서도 통한다는 사실을 깨닫게 하기 때문에 더 감동이 되는 것 같습니다.

이 책을 통해서 많은 교회가 도전을 받고 은혜를 받기를 원합니다. 그래서 한국 교회 교회학교가 과거처럼 다시 부흥하는 그날이 오기를 소망합니다.

● 이 찬 수 _ 분당우리교회 담임목사

교회학교가 없으면 교회의 미래는 사라집니다

　한국 교회 교회학교는 큰 위기 가운데 있습니다. 저출산으로 인한 아이들의 감소, 젊은이들의 교회 무관심증, 학교교육과 사교육 광풍 등으로 인해서 교회마다 교회학교 사역이 큰 몸살을 앓고 있습니다. 그러면서 많은 사람이 이제 더 이상 교회학교 사역은 힘들 것으로 예상하고 많이들 포기하고 있는 현실입니다. 오죽하면 대한민국 교회의 50% 이상이 교회학교가 없다는 통계가 들릴 정도이겠습니까? 교회학교가 없으면 교회의 미래는 사라지는 것입니다.

　한국 교회의 위기의 순간에 군산 드림교회 교회학교가 부흥하고 성장하는 모습은 모든 교회에 좋은 모델과 대안이 되고 있습니다. 다들 안되고 힘들다고 하는 상황 속에서도 드림교회 교회학교는 늘 발전하고 열매를 맺어 왔습니다. 특히 옆에서 봐 온 임만호 목사님은 언제나 교회학교 사역에 남다른 애정을 가지고 계셨고, 수영로교회 부교역자 때부터 이 분야에 전문가이셨습니다. 결국 교회학교 사역에 대한 임 목사님의 한결같은 마음과 비전이 지금의 놀라운 열매를 만들었다고 해도 과언이 아닐 것입니다.

　이 책에는 그간 드림교회 교회학교가 어떻게 부흥하고 성장했는지, 모든 노하우가 스며들어 있습니다. 교회학교의 부흥을 소망하는 모든 분에게 큰 희망과 비전을 심어 줄 책입니다. 이 책을 통해서 한국 교회 교회학교들이 불 일 듯 일어나기를 소망합니다.

● 이 규 현 _ 수영로교회 담임목사

군산 드림교회 교회학교 교육에는
무언가 특별한 것이 있습니다

　이번에 군산 드림교회의 교회교육에 관한 보고서를 한 권의 책으로 볼 수 있게 되어 얼마나 반가운지 모릅니다. 군산은 인구 65만 명의 전주나 인구 30만 명의 익산보다 적은, 27만 명의 인구를 가진 전라북도 북서부 해안의 중소 도시에 불과하지만 이곳에 2,800명의 재적에 1,600명이 출석하는 교회학교를 운영하는 교회가 있다는 사실은 믿기지 않는 일입니다.
　군산 드림교회는 미국남장로교선교부의 이눌서 목사(Rev. W. B. Reynolds)와 유대모 의사(Dr. A. D. Drew)가 1894년 4월 이곳에 와 복음을 전한 결과로 시작된 개복교회에 뿌리를 두고 있지만, 사실상 120여 명의 성도들이 이 교회에서 나와 새로운 비전을 가지고 1991년에 시작한 교회라고 할 수 있습니다. 120어 명의 성도들이 일치단결해 주님을 섬긴 결과 교회가 성장했지만, 특히 1999년 임만호 목사님이 제2대 담임목사로 부임하신 이후 교회의 쇄신이 이루어지고 교회도 크게 성장하는 역사가 일어난 것으로 알고 있습니다. 1999년 당시 교회학교 학생 수는 100여 명에 불과했지만 18년이 지난 지금에 와서 1,600여 명으로 성장한 것은 일종의 기적이라고 하지 않을 수 없습니다.
　한국 교회는 1980년대 중반까지는 크게 성장했지만 1980년 후반 이후 성장이 정체되고, 교회학교 학생 수가 크게 감소하고 있는 현실입니다. 우리나라의 대표적인 장로교회의 경우 교회학교가 없는 교회가

60%에 이른다는 보고는 오늘의 교회학교 현실을 반영하고 있습니다. 실제로 1989년 전후 시한부 종말론의 부정적인 여파로 학교 앞 전도나 공개적인 전도마저 불가능한 현실이 되었습니다.

이런 오늘의 현실에서 군산 드림교회 교회학교의 아동 수가 1,600여 명에 달한다는 것은 신비로운 일인 동시에 기적과 같은 일이고, 연구해 볼 만한 가치가 있다고 생각됩니다.

군산이라는 지역이 해안성 미신이 많고 지역 정서 또한 보수적 성향이 강하다는 점을 고려한다면 이 교회의 교회학교 교육에 무언가 특별한 비결이 있다고 생각됩니다. 그동안 드림교회는 여러 차례 교회학교 교육에 대한 콘퍼런스를 개최하고 전국의 목회자들과 교회학교 지도자들에게 교육 프로그램을 소개한 것으로 알고 있습니다.

실제적으로 이 교회가 진행해 온 교육 정책, 교육 철학, 혹은 교육 프로그램이 교회학교의 쇄신과 성장에 영향을 준 것은 사실이지만, 제가 볼 때 드림교회가 이와 같은 기적을 이룬 것은 두 가지 이유 때문인 것 같습니다.

첫째, 담임목사의 강력한 교육 목회 때문입니다. 교육적인 신앙고백(educational confession)이라고 할 수 있는 교회교육에 대한 확고한 신념과 리더십이 드림교회의 교회학교를 변화시킨 힘이었다고 봅니다. 실제로 지도자의 철학이 목회 전반에 영향을 주고, 구성원의 가치 체계와 행동 양식에 영향을 줍니다. 임만호 목사님은 학부에서 교육학을 전공하신 분으로서 목회란 결국 사람을 모으고(전도) 가르쳐(교육) 하나님 나라를 세워 가는(신국 건설) 일련의 과정이라는 확신을 가진 목회자이기에 이런 기적을 이룬 것입니다. 그 확신을 담임목사 스스로 실천한 모범이 리더십의 토대가 된 것입니다. 교육 리더십이 현실화될 수 있었던 것은 따지고 보면 담임목사의 신앙과 인격에 대한 신뢰였습니다.

둘째, 복음에 대한 열정, 곧 영혼에 대한 진정한 사랑 때문입니다. 우리 모두가 복음을 말하고 잃어버린 영혼에 대한 관심을 말합니다만, 때로 구호에 그치고 형식화되기도 합니다. 그러나 진정한 사랑, 영혼에 대한 애정은 사람을 감동시키고, 사람을 변화시킵니다. 영혼에 대한 성도들의 진정한 사랑이 오늘의 기적을 이루었다고 생각합니다. 우리가 늘 경험하지만, 사랑 없는 교육은 지식이나 정보는 줄 수 있어도 사람을 감동시키지는 못합니다. 그러나 애정 있는 교육은 감동을 주고 사람을 변화시킵니다. 지난 18여 년간의 한결같이 애정 있는 교육이 오늘의 교육 혁명을 이루었다고 생각합니다.

이번에 펴내는 이 책을 통해서 드림교회의 지난 18여 년간의 교회교육을 향한 애정과 열정을 배우고, 한국 교회 교회교육에 새로운 변화가 일어나기를 기대하면서 이 책을 기쁨으로 추천합니다.

● 이 상 규 _ 고신대학교 신학과 교수, 개혁신학회 회장

교회학교 부흥의 마지막 골든타임에 동참하고 싶은
이 땅의 모든 담임목사와 교육 사역자,
그리고 헌신된 교사에게 일독을 권한다

오늘날 이구동성으로 한국 교회가 위기라고 말한다. 그리고 그 위기가 교회학교의 위기에서 비롯되었다는 사실에 모두 공감한다. 그런데 모두들 말뿐이다. 위기의 한가운데서 위기라고 외치면서도 어떻게 해야 이 위기를 극복할 수 있을지에 대한 대안이 없다. 이러한 현실 속에서 이 책은 우리에게 위기를 기회로 만드는 시원한 사이다와 같이 교회학교의 성장과 부흥의 대안을 제시해 준다.

이 책은 담임목사의 목회철학, 교육 사역자의 전문성과 열정, 그리고 교사의 헌신과 기도라는 3가지 키워드가 교회학교를 어떻게 성장시켰는지를 명확히 보여 주는 책이라 하겠다. "'시대가 지났다', '교회학교, 더 이상 안 된다'라는 말은 하나님의 주권과 복음의 능력을 부인하는 변명밖에는 안 된다"라는 담임목사의 외침은 교회학교 성장의 동력이 바로 담임목사의 교육 목회철학에 근거함을 증명하고 있다.

신앙의 골든타임인 미취학부, 사랑으로 섬겨 가는 어린이부, 소통하며 자라 가는 청소년부, 그리고 모이고 흩어지는 청년부에 이르기까지 군산 드림교회의 성장에는 몇 가지 중요한 공통된 특징이 있다.

첫째, 학생들의 성장과 발달에 대한 분명한 이해다. 둘째, 학생들에 맞는 체계적인 신앙 교육 과정이다. 예배, 성경 공부, 전도 등 모든 신앙 교육의 과정이 학생들을 한 사람의 그리스도인으로 세우는 데 부족함이 없다. 셋째, 사역자의 열정과 교사의 헌신이다. 목숨 걸고 사역하는 사역자들의 그림자를 보며 교사는 헌신의 눈물과 무릎으로 교회학교를 세워 간다. 바로 이러한 요소들이 군산 드림교회의 부흥과 성장을 가능하게 한 동력이라 하겠다.

이 책은 참 매력적이다. 군산 드림교회의 각 부서가 어떻게 성장해 왔는지에 대한 실제적인 부흥 레시피를 가감 없이 공개하고 있다. 이 책은 군산 드림교회의 각 부서가 실천하고 있는 모든 교육 과정을 과감히 펼쳐 놓아 한국의 모든 교회가 꿈꾸는 교회학교 부흥과 성장의 원리와 방법을 제시하고 있다.

교회학교가 다시 부흥할 수 있는 마지막 골든타임에 동참하고 싶은 이 땅의 모든 담임목사와 교육 사역자, 그리고 헌신된 교사에게 일독을 권한다.

● 함 영 주 _ 총신대학교 기독교교육과 교수

프롤로그
저절로 되는 법은 없다

 매년 9월 말이 되면 '드림교회 교회교육 콘퍼런스'가 열린다. 한국 교회 교회학교의 사정이 워낙 좋지 않다 보니, 지푸라기라도 잡고 싶은 심정으로 전국 각지에서 교단을 초월해서 군산에 있는 우리 교회를 방문하는 것 같다.

 그간 많은 교회가 다녀갔는데, 잊지 못할 한 교회가 있다. 전남 순천에 있는 아주 작은 교회였다. 1회 콘퍼런스 때 이 교회 담임목사님이 홀로 신청해 맨 앞자리에서 강의를 들으셨던 것으로 기억한다. 그런데 2회 콘퍼런스 때 또 오신 것이 아닌가? 이때 기억에 남는 것은 최신 캠코더를 구입해 강의를 녹화할 준비를 해오신 것이었다. 그리고 3회 콘퍼런스가 열렸는데, 등록자 명단에 또 그 교회가 있었다. 3회 때는 1, 2회 때와 달리 교회학교 교사 전체를 데려오셨다. 작은 교회에서 1박 2일로 전 교사와 함께 콘퍼런스에 참여하기란 결코 쉬운 일이 아니었을 것이다.

 왜 같은 콘퍼런스를 3회나 연속으로 참여하셨을까?
 담임목사의 교회교육에 대한 갈망이 그만큼 컸기 때문이었을 것이다. 3회에 걸친 콘퍼런스 때와 그 후 사적으로 만났던 그 목사님은 교회

교육에 대한 강력한 열망을 가지고 계셨다. 비록 교회는 작지만 드림교회 교육의 철학과 방법론을 벤치마킹하면서 할 수 있는 최선의 노력을 다하셨다. 이후 그 교회의 교회학교에 열매가 맺히기 시작했고, 지금까지도 종종 좋은 소식이 들려오고 있다.

교회교육은 교회 규모와는 전혀 상관이 없다. 큰 교회라고 잘하고, 작은 교회라고 못하는 법이 있는 것이 아니다. 매년 수많은 교회가 우리 교회의 교회학교를 탐방하기 위해 오는데, 서울 시내 초대형 교회에서부터 지방에 있는 작은 교회들까지 다양하다. 탐방 온 이들에게 듣는 이야기 중에 가장 가슴 아픈 내용은 많은 교회가 교회교육에 대한 슬로건은 있는데, 실제로 변화와 개혁에 대한 의지는 없다는 것이다. 이것은 큰 교회, 작은 교회 다 비슷한 처지였다.

교회교육을 이야기할 때 필자는 이런 표현을 자주 사용한다.
"저절로 되는 법은 없다."
100명의 드림교회 교회학교가 1,600명 출석으로 성장한 일은 어떻게 가능했을까? 단지 장년 성도가 많아진다고 자연스럽게 아이들도 많아질까? 결코 아니다!
끊임없는 노력(새로운 것을 배우려는 의지, 변화와 개혁에 대한 갈망들, 무엇보다도 천하보다 귀한 한 영혼을 향한 뜨거운 갈망들, 그래서 생긴 교육 콘텐츠 개발 등)이 있었고, 교회교육에 대한 하나의 비전을 담임목사로부터 모든 교사가 한마음으로 품고 전진해 왔기 때문에 지금의 열매가 가능했다고 본다.

지금 한국 교회의 교회학교는 큰 위기라고 다들 말한다. 교회교육에 대한 어려움을 담고 있는 부정적인 기사들, 통계 자료들, 논문들을 접해 보지 않은 사람이 없을 정도다. 교단과 교계의 모든 자료를 종합해 보면, 한국 교회의 교회학교는 마치 마지막에 이르러 "돌파구는 없다"라는 결론을 내리는 것처럼 보인다.

실제로 많은 교회학교가 문을 닫고 있고, 교역자들과 교사들이 자포자기하는 경우가 많다. 교회의 쇠퇴 원인을 찾지 못하고, 방법이 무엇인지도 모르며, 그저 손 놓고 있는 교회가 한둘이 아니다.

이러한 때에 하나님이 드림교회 교회학교에 특별한 은혜를 주셨다. 2000년대 이후에 성장 곡선을 그은 교회학교가 극히 드문데, 드림교회에는 변화가 일어났다. 교육의 모든 면에서 더욱 전문화되었으며, 교사들과 아이들의 만족도는 높아졌다. 실제로 성도들이 교회에 등록하는 이유 중에 '아이들이 교회학교를 매우 좋아해서'가 큰 비중을 차지하고 있다.

하나님의 은혜와 역사는 나눌수록 커진다. 이에 '드림교회 교회교육 콘퍼런스'가 진행된 것이고, 드림교회 교회학교만의 노하우를 한국 교회 앞에 나누었다. 또한 많은 교회가 직접 탐방 와서 보고 배움으로 유익을 얻었다고 했다. 더불어 필자는 바쁜 목회 일정이지만 교회교육에 도움을 요청하는 교회에는 우선순위를 두고 강의와 설교로 도우려고 했다. 하지만 이 모든 일에 시간적, 공간적 제약이 있기에, 더 많은 교회와 함께하는 데 제한적일 수밖에 없는 것이 아쉬웠다.

어떻게 하면 더 많은 교회에 도움을 줄 수 있을까?

무엇보다도 교회교육의 방향성을 찾지 못하고 방황하는 교회들, 교회학교 문제로 신음하고 아파하는 교회들에게 미력하나마 도움을 주고 싶은 마음에서 이 책을 내게 되었다. 오늘도 이 땅의 많은 교회학교가 문을 닫고 있다는 가슴 에이는 소리를 접하면서, 함께 일어나기를 열망하는 마음으로 펴냈다. 한국 교회를 향해서 이렇게 독려하고 싶다.

교회학교의 위기, 충분히 돌파할 수 있다!
교회학교의 대안, 분명히 있다!
지금까지 안되었어도 앞으로 잘될 수 있다!
안된다고, 힘들다고 포기할 것이 아니라,
지금부터 다시 시작하면 얼마든지 할 수 있다!

그동안 드림교회 교회학교에서 함께 땀과 눈물을 흘리며 몸부림치고 섬겼던 동역자들이 각 부서의 현장을 정리했다. 이정현 목사, 최창수 목사, 이준탁 목사, 황명철 목사의 수고가 컸다.

오늘이 있기까지 수고한 드림교회 교회학교 교역자들과 교사들, 그리고 드림 가족 모두에게 고마운 마음을 전하며 '드림교회 교회학교의 스토리'를 시작하고자 한다!

수송동 비전랜드 목양실에서
임만호 목사

PART. 1

드림교회의 기적은
어떻게 시작되었을까?

교회학교 100명에서 1,600명으로

임 만 호 목사

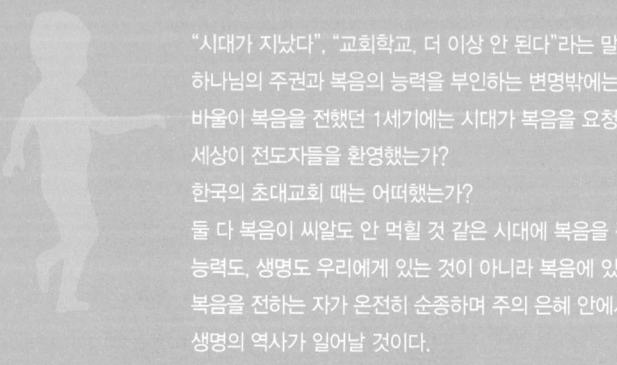

"시대가 지났다", "교회학교, 더 이상 안 된다"라는 말은
하나님의 주권과 복음의 능력을 부인하는 변명밖에는 안 된다.
바울이 복음을 전했던 1세기에는 시대가 복음을 요청했고,
세상이 전도자들을 환영했는가?
한국의 초대교회 때는 어떠했는가?
둘 다 복음이 씨알도 안 먹힐 것 같은 시대에 복음을 전했다.
능력도, 생명도 우리에게 있는 것이 아니라 복음에 있다.
복음을 전하는 자가 온전히 순종하며 주의 은혜 안에서 가르칠 때
생명의 역사가 일어날 것이다.

최근 드림교회가 교회교육으로 좀 알려지자 전국의 많은 교회가 교육부서 탐방을 오고 있다. 이것은 교회교육의 위기를 타파하기 위한 한국교회의 몸부림으로 보인다. 가끔은 안타까운 모습도 보게 된다. 작년에 왔던 모 교회의 관계자는 모든 교육부서의 예배를 참관한 후 결론적으로 이렇게 말씀하셨다.

"저희도 바꾸고 싶지만, 도저히 교회 전통이 있어서 못 바꾸겠습니다."

그 말씀을 들으니, 필자가 처음 드림교회에 부임했을 때의 모습이 문득 떠올랐다.

지금 드림교회의 모습은 기적에 가깝다고 볼 수 있다. 대한민국의 교회 가운데 가장 보수적인 교회가 현 드림교회(구 개복동교회)였기 때문이다. 감히 예배 시간에 박수도 할 수 없었고, 새벽기도회 때 소리 내어 기도하면 누군가가 옆구리를 찌르면서 그렇게 기도하지 말라고 주의를 주는 교회였다. 교회교육이 잘되기는커녕, 청년이 2명밖에 없는 교회였다.

어떻게 이처럼 전통적인 교회가 교회교육에 있어서 선구적인 교회가 되었을까? 그 이야기를 시작하도록 하겠다.

1. 전통 교회가 변화무쌍하며
   역동적인 교회로 변한 이유

드림교회는 1894년 3월 30일 미국 남장로교에서 파송한 레이놀즈(W. B. Reynolds, 이눌서) 선교사와 의사인 드루(A. D. Drew, 유대모) 선교사가 입항해 복음을 전한 것으로부터 시작된 군산 지역 최초의 교회 가운데 하나다. 또한 이곳에서 전라도 최초로 세례 교인인 김봉래, 송영도가 나왔고, 송영도의 손자가 현재 드림교회 은퇴 장로로 있다.

1991년 진리 수호를 위해 120여 명의 성도들이 개복교회에서 분리해 옛 교회 이름인 개복동교회를 설립했다가 2012년 20주년을 맞이해 드림교회로 개명했다. 필자가 2대 담임목사로 부임한 1999년에는 장년 300여 명, 교회학교 학생 100여 명이 출석하는 교회였다.

드림교회는 대한민국에서 가장 전통적이고 보수적인 교회였다. 더욱이 교회가 분립하면서 발생한 갈등으로 청년들이 대부분 교회를 떠났거나 출석하지 않았고, 중직자 자녀들 가운데 교회에서 봉사하는 이들이 거의 없었다.

필자는 학부와 대학원과 박사 과정까지 교육학을 전공하고, 부교역자 시절에 사역지마다 교육부를 전담해 왔기 때문에 드림교회의 이러한 현실이 매우 가슴 아팠다. 단지 아이들이 모이지 않는다는 사실보다 전통이라는 틀 안에 갇혀 있는 교인들의 모습이 더 안타까웠다. 드림교회가 얼마나 보수적이고 변화의 시도가 어려운 교회였는지는 부임 초기에 있었던 한 가지 사건에서 알 수 있다.

부임 1년 만에 건축을 하게 되었고, 건축 당시 임시 예배 처소에서 금요기도회를 인도하고 있을 때였다. 1부 예배가 끝나고 2부 기도회를 진행하는데, 공간이 지하라서 너무 덥고 습했다. 교인들에게 양해를 구하고 양복 상의를 벗었다.

그랬더니 기도회가 끝난 다음에 어르신 장로님 한 분이 오시더니 상의 벗은 행동을 지적하시면서, "오늘 한 시간 동안 은혜가 하나도 되지 않았습니다"라고 말씀하셨다. 많은 전통 교회가 그러하듯이, 본질이 아닌 비본질적인 것에 더 민감했다. 이런 상황에서 다음 세대 사역이 활발하게 이루어지기란 결코 쉬운 일이 아니었다.

주어진 상황은 매우 어려웠지만, 부임 직후 가장 먼저 전체 교사들을 대상으로 교사대학을 개설했고, 직접 12개의 강좌를 인도했다. 동시에 교사들에게 교회학교의 비전을 제시하면서 독려했다. 다음 세대 사역을 구호로만 끝내지 않고, 기획과 함께 실행하는 데 힘을 쏟았다.

2000년에 교회를 6개월의 공사로 건축하고, 2001년 첫 주 입당할 때 재정이 여의치 않아서 본당에 영상 시설을 설비하지 못했다. 하지만 교회학교 각 예배실에는 최고의 스크린, 프로젝트, 컴퓨터를 설비했다. 그리고 당시 초등학생들의 출석수가 100명이 채 되지 않았는데, 효과적인 교육을 위해서 유년부(1-3학년)와 초등부(4-6학년)로 분리했다.

이러한 교육 정책과 지원 아래 헌신된 교사들이 발굴되었으며, 그해 연말에 유년부 118명, 초등부 126명이 출석하고, 교회학교 전체로는 470명이 출석했다. 그리고 매년 장년 성도 수와 교회학교 학생들의 출석수가 100여 명씩 꾸준히 성장했다. 교회학교는 2003년에는 801명으로 성장했고, 2005년에는 1,036명으로까지 성장했다.

2017년 3월 현재 드림교회의 재적수는 장년 성도 4,000명에 교회학교 학생 2,800명이며, 평균 출석수는 장년 성도 1,900여 명에 교회학교 학생 1,600여 명이다. 필자가 부임했을 때는 장년 성도 300여 명, 교회학교 학생 100여 명이었고, 30여 명의 교사들 대부분은 주부였다. 그러나 현재는 섬기는 교사만 430명에 이른다.

오늘의 드림교회가 있기까지는 교회교육 철학을 확립하고, 교사를 양육하고 훈련하는 교사대학과 교육대회를 개최하고, 교회학교 예배와 교육을 체계적으로 시스템화하는 등의 지원이 있었다. 이것은 장년 성도들로 하여금 다음 세대를 사랑하고 귀히 여기는 사명을 일깨우며 섬기게 하는 동기부여가 되었다. 그 결과 교회학교가 지속적이고 안정적인 성장을 이루었으며, 동시에 교회학교의 성장이 교회 청장년의 든든한 기초를 형성하면서 지속적이고 건강한 구성원을 이루는 상호 시너지 효과를 낳았다.

현재 드림교회는 구성원의 80%가 50대 미만이다. 특히 지난 10년 동안 등록자의 50%가 30대였고, 그다음이 20대, 40대 순으로, 50대 미만이 등록자의 80%를 넘었다. 필자가 부임한 당시에는 청년이 몇 명 안 되었으나 교회학교에서 자라 올라온 아이들로 인해 지금은 500여 명이다.

드림교회 교회학교의 기적은 지난 18년 동안 다음 세대를 위한 교육에 집중한 결과의 산물이라고 볼 수 있다. '전통과 보수'로 상징되던 교회가 역동적인 교회로 바뀌었으며, 젊은 교회 공동체가 되었다.

2. 담임목사의 교육 철학이
   교회학교를 바꾸다

　드림교회 교회학교의 성장 이면에는 여러 가지 요소가 있겠지만, 담임목사의 교육 철학이 가장 우선이라고 생각한다. 특별히 담임목사가 교회교육의 절대 가치에 대한 확신이 있어야만 온전한 교회교육이 가능한 것이다. 교회교육은 해도 되고, 안 해도 그만이 아니며, 단지 사람을 착하게 만드는 교육이 아니다. 교회교육은 절대 가치의 교육으로서, 교회가 목숨을 걸 정도로의 확신이 필요하다.

70시간 VS 70분

　우리나라 고등학생이 한 주간 학교에 머무는 시간은 평균 70시간이다. 그러나 교회에 머무는 시간은 7시간도 아니고, 약 70분쯤이다. 시간만 그러한가? 학습의 양으로 보나, 설비로 보나, 재정으로 보나 비교가 되지 않는다. 그러나 교회교육의 부가가치는 어떤 교육과도 비교될 수 없다.

　초등학교부터 고등학교까지만 해도 몇 년인가? 12년이다. 학교에서 배운 교양, 역사, 과학 등 그 지식의 양이 얼마나 많은가? 그런데 역사만 한번 생각해 보라. "역사는 어떻게 시작되었으며, 어디로 가고 있습니까?"라고 사람들에게 물으면 해답을 가지고 있는 자가 얼마나 되겠는가? "역사의 시작이 누구입니까?"라고 기원을 물으면 우리나라 사람들이 가장 많이 하는 대답이 "단군 할아버지"다. 그리고 "인생이 어디로 가고 있습니까?"라고 종말을 물으면 취업, 결혼, 자녀 출산 등 이것저

것 계산하다가 "죽음"이라고 대답한다.

　그런가 하면 과학은 어떤가? 학교에서 그렇게 많이 배웠는데, "인류의 기원과 인생의 주인이 누구입니까?"라고 물으면 "원숭이"라고 답하고, 좀 더 고상하게 아는 척하면서 대답하는 자는 "아메바"라고 말한다. 문제는 이 모든 것이 정답이면 좋으련만 그렇지 못하다는 것이다. 우리는 모두가 그렇게 배웠고, 지금도 그렇게 가르치고 있다. 생물 교과서에 네안데르탈인, 네브라스카인, 자바원인 등의 두개골 그림이 우리의 기억 속에 생생하다.

　필자가 1982년에 사역했던 교회에서 우리나라 선교 파송 초기에 브라질 아마존 부족에게 들어가서 글을 만들고, 학교를 세우고, 복음을 전하셨던 김성준 선교사님을 초청해 선교 집회를 진행했다. 그때 보고에 의하면, 그 부족의 주식 중에 하나가 원숭이였다. 선교사님이 부족원들과 친밀해진 훗날 물으셨다고 했다. "원숭이는 여러분의 조상인데 왜 잡아먹습니까?"라고 말이다. 그랬더니 그들이 손사래를 치면서 "아닙니다. 당신의 조상인지는 모르지만, 우리는 하나님의 형상을 따라 지음 받은 사람이고, 원숭이는 짐승입니다"라고 말했다고 했다.

　필자는 그때 그 이야기를 들으면서 너무도 아이러니했다. '우리는 문명인이라 자처하고 그들을 가리켜 미개인이라고 하는데, 과연 하나님이 보실 때 누가 바른 지식을 소유하고 있는 자들이며, 누가 허망한 자들일까?' 하고 말이다. 로마서 1장 20-25절 말씀이 매우 실감 나게 다가왔던 순간이 엊그제 같다.

"창세로부터 그의 보이지 아니하는 것들 곧 그의 영원하신 능력과 신성이 그가 만드신 만물에 분명히 보여 알려졌나니 그러므로 그들이 핑계하지 못할지니라 하나님을 알되 하나님을 영화롭게도 아니하며 감사하지도 아니하고 오히려 그 생각이 허망하여지며 미련한 마음이 어두워졌나니 스스로 지혜 있다 하나 어리석게 되어 썩어지지 아니하는 하나님의 영광을 썩어질 사람과 새와 짐승과 기어 다니는 동물 모양의 우상으로 바꾸었느니라 그러므로 하나님께서 그들을 마음의 정욕대로 더러움에 내버려 두사 그들의 몸을 서로 욕되게 하게 하셨으니 이는 그들이 하나님의 진리를 거짓 것으로 바꾸어 피조물을 조물주보다 더 경배하고 섬김이라 주는 곧 영원히 찬송할 이시로다 아멘."

이것이 인간의 현주소다. 과학, 기술을 비롯해 많은 지식이 쌓이고 발달해도 생각이 허망해지고 마음이 어두워져서 스스로 지혜 있다 하나 어리석다.

이러한 형국에 교회교육이 할 일이 무엇인가? 단지 창조론이냐, 진화론이냐를 말하는 것이 아니다. 모든 분야에 있어서 근원과 본질을 바로 알고 분별력을 갖게 하는 참된 지식과 지혜를 가르치는 교육은 그야말로 비교급이 될 수 없다. 교회교육은 '절대 가치의 교육'이다.

서울 모 초등학교에서 가을에 한강 둔치로 소풍을 갔다고 한다. 점심시간에 초등학교 1학년 학생 중 한 명이 도시락을 먹다가 담임선생님께 달려가 선생님의 옷자락을 흔들며 물었다. "선생님! 저 하늘과 강은 누가 만드셨지요?" 갑작스런 질문에 선생님이 당혹해하는 사이, 어느덧 주변에서 뛰놀던 아이들이 무슨 일인가 싶어 선생님 주변에 빙 둘러섰다.

선생님은 그 질문에 대해 지금까지 한 번도 생각해 본 적이 없었다. 평생 머리 위를 두르고 있던 하늘이고, 항상 마시는 물을 공급해 주던 강이지만 말이다. 잠시 고민하다가 대답했다. "음, 저절로 생겼겠지요." 그때 그곳에 둘러서 있던 아이들 가운데 역시 초등학교 1학년 학생이 선생님을 향해 이렇게 말했다. "에이~ 선생님은 그것도 모르세요? 하나님이 만드셨지요!" 선생님은 창피해 얼굴이 홍당무가 되었고, 집에 돌아가서도 잠을 이룰 수가 없었다. '도대체 아이가 말한 하나님이 누구이신가?' 그래서 스스로 집 근처에 있는 교회를 찾아가 주님을 영접했다고 한다.

바로 이것이다. 학교나 세상의 교육 기관에서 결코 가르쳐 주지 못하는 역사의 주관자, 역사의 시작과 끝, 인생의 주인, 인생의 목적, 삶을 살아가는 방식 등을 알려 주는 교육인 기독교 교육은 일반 교육과 비교될 수 없는 생명의 교육이요, 위대한 교육이다.

물론 학교교육의 무용론을 말하는 것은 아니다. 오직 교회교육만이 줄 수 있는 교육의 가치를 기억해야 한다는 뜻이다. 영혼을 살리고, 참된 가치관을 심어 주며, 어리석고 허망해진 인류를 회복시키는 교육은 교회교육밖에 없다.

세상에 수많은 학교와 교육 기관이 있지만 어느 기관이나 단체가 기독교 세계관(Christian worldview)을 형성시켜 줄 수 있겠는가. 교회학교에서 가르쳐야 하는 교육은 영혼을 살리는 교육이요, 인생의 바른 목적과 가치관을 심어 주는 교육으로서, 우리가 반드시 시행해야 할 사명이다.

각 교회가 교회학교의 부흥을 꿈꾸고 있다면 먼저 지도자들이 교회학교 교육에 대한 절대 가치를 알고 목숨을 걸어야 한다.

3. 부흥의 동력은 교사로부터 시작된다

부산의 모 교회에서 사역할 때의 일이다. 우리나라 최고인 S대학 법학과를 졸업하고 사법고시에 합격한 후 부산지검에 부임한 초임 검사가 계셨다. 당시 담임목사님과 동문이셨기에 담임목사님이 반갑게 맞이한 후 교사로 봉사할 것을 권하셔서, 마침 자리가 있던 고등부 3학년 담임으로 임명되셨다.

그리고 한 달쯤 지난 후였다. 그 반 학생이 찾아와 고발을 하는 사건이 벌어졌는데, 자기 선생님이 그동안 한 번도 성경 말씀을 가르치지 않았다는 것이었다. 그래서 교사를 만나 자초지종 이야기를 들어 보았다. 사연인즉 본인이 성경에 대해 확신이 없다 보니 성경을 가르치지 못하고 세상 이야기만 하신 것이었다. 무식하면 용감하다고, 자기가 잘 모르더라도 가르치는 사람도 있지만, 이 교사는 법조인으로서 자기가 잘 모르는 성경을 가르칠 수는 없었던 것이다. 그래서 교사를 내려놓고 성경을 공부한 후에 봉사하도록 권면했던 경험이 있다.

그렇다. 교회학교 교사는 세상의 학벌이나 지식과 지위로 할 수 있는 것이 아니다. 교사 자신이 거듭나고 구원의 확신이 있어야 한다. 여호와 하나님을 사랑하는 믿음이 있어야 감당할 수 있다.

그런가 하면 같은 교회에서 이런 일도 있었다. 부산의 광복동거리 가판대에서 구두를 수선하시는 집사님이 계셨다. 그분은 1980년대 후반, 주 5일 근무제가 아직 실시되지 않은 때였는데도 토요일에는 일을 나가지 않으셨다. 그러니까 하루하루 일을 해 수입을 얻는 직업인데도 주 5일만 일을 하셨던 것이다. 이유는 오전 수업만 하고 끝나는 토요일에 학교 앞에서 아이들을 챙기며 심방하고 전도하시기 위해서였다. 이 교사는 학교 앞 전도용 전도지, 축호전도용 전도지 등 다양한 전도지를 자비량으로 만들어서 활용하셨다.

그런데 이 교사는 매년 연말이 되면 반 이름만 하나 달라고 할 뿐 학생은 한 명도 받지 않고 시작하셨다. 소위 '무디 반'을 운영하셨던 것이다. 그리고 연말이 되면 매년 40-50명을 만들어 몇 개의 반으로 번식시키곤 하셨다. 비록 세상의 지식과 재물과 권위를 많이 소유하지는 못했을지라도 하나님을 진심으로 사랑하고 아이들을 아낄 때 생명의 역사, 구원의 역사, 부흥의 역사가 일어나는 것을 보았다.

기독교 교육이 제대로 실행되는 데 있어서 가장 중요한 것은 참된 성경적 교육 방법을 시행할 수 있는 교사가 있느냐다. 교사들이 직접 하나님을 사랑하고 두려워하는 모습을 보여 주는 것보다 더 좋은 교육 방법은 없다. 결국 신앙교육과 교회교육에서 참된 교육 방법은 기교 이전에 교사가 본을 보이는 것이다.

어찌 보면 오늘날 한국 교회의 교회학교가 겪는 어려움은 기독교 교육에 대한 바른 이해를 가진 교사의 부재가 그 원인일 것이다. 어떤 교회는 봉사할 수 있는 중요 자원을 찬양대 등에 배치하기도 한다. 어떤 교회는 도무지 교육부서에 투자하지 않기에 서로 교사 되기를 기피한다. 현재 남아 있는 교사들은 어쩔 수 없이 마지못해 봉사한다고 생각하는 경우가 비일비재하다.

드림교회는 감사하게도 매년 교사의 성장을 이루어 왔다. 부임 당시 30명이었던 교사 수가 현재는 430명이 되었다. 이것은 단지 수적인 증가만 아니라 교사들의 양질의 영적 성숙을 동반한 것이다. 교회에서 훌륭하게 사역을 감당할 만한 일꾼들이 교회학교 교사에 포진되어 있다. 여기까지 올 수 있었던 것은 교사 훈련 프로그램과 함께 시간마다 교사들을 격려하였기 때문이라고 생각한다. 특히 부임 초창기 때 만들어 놓은 교사대학 커리큘럼이 아직까지도 잘 연결되어서 훌륭한 교사들을 양성하는 교육 기관이 되었다.

드림교회 교사대학 커리큘럼은 1년 2학기제로, 총 12강좌를 이수하도록 구성되어 있다. 교과 내용은 성경과 신학적인 기초 설정, 교수 능력 개발을 위한 연구, 교사 교양 등으로 이루어져 있다.

표 1 교사대학 교과 편성표

1학기 교과	학점	2학기 교과	학점
기독교 교육이란 무엇인가?	2학점	교회란 무엇인가?	2학점
교회 생활 지도 무엇을 어떻게?	2학점	교회 교사의 성경 교수법	2학점
신약성경을 어떻게 볼 것인가?	2학점	종교개혁 사상과 우리의 신앙	2학점
구약성경을 어떻게 볼 것인가?	2학점	상담학과 상담 지도	2학점
성경 공부의 이론과 실제	2학점	기독교 세계관	2학점
학생 지도를 위한 심리학	2학점	전도 및 반 운영법	2학점

또한 교사 계속 교육 과정으로 교육대회 및 교사 세미나를 운영하고 있다. 교육대회는 연초에, 교사 세미나는 연중에 실시되는데, 교사의 사명 의식을 강화하고 교육 현장에서 제기되는 제반 교육 문제에 대해 교사들을 도와 교회학교 학생들을 잘 교육하도록 하는 데 목적이 있다. 전문 강사를 초빙해 현재 가장 민감하고 중요한 교육 주제에 대한 강의를 듣는데, 전 교사가 의무적으로 참석해야 한다.

교회학교에서 교육 방법의 으뜸은 교사가 본이 되는 것이다. 오늘날 이스라엘을 이스라엘 되게 한 교육은 한마디로 가르치는 자들이 본을 보이는 교육 덕분이다. 기독교 교육에 있어서 교사의 이러한 의식과 자세는 프로그램이나 기교보다 우선 되어야 할 본질이다.

드림교회 교회학교의 교사들은 모두 다음 원칙을 지켜 가고 있다.

교사는

1. 하라고 하는 사람이 되지 말고, 하는 사람이 되어야 한다.
2. 아무리 좋은 사상이나 이론이나 철학이라도 행함이 없으면 썩고 만다.
   신앙은 결심(make one's mind)이 아니라 결단(decision)이다.
3. 이해하고 결심만 하지 말고, 내가 먼저 실천해야 한다.

교회학교 교사가 교회에서 교육하는 사역의 부가가치는 영혼을 살리고 기독교 세계관을 세우는 절대 가치의 사역이다. 따라서 자긍심과 사명감을 가져야 한다. 그리고 제대로 본을 보이는 교사가 될 때 한국 교회의 미래를 일으킬 수 있을 것이다.

4. 전 교회적으로 기독교 세계관 교육을 실시하다

2014년 전 국민을 큰 슬픔에 빠뜨린 세월호 사건에는 구원파라는 이단이 배후에 있는 것으로 보도되었다. 구원파의 주요 교리가 무엇인가? 우선 한마디로 말하면, 사람이 한 번 구원받으면 어떤 짓을 해도 상관이 없다는 것이다. 즉 그들에게는 구원의 과정이 결여되어 있다. 또한 최근에 왜 기독교가 개독교라는 소리를 듣는가? 그리스도인들의 삶을 볼 때, 불신자와의 차이점이 발견되지 않고 오직 '자기들끼리'의 종교 모습만 가지고 있기 때문이 아닌가?

대한민국의 많은 교회가 '기독교 교육'을 외치고는 있지만, 과연 삶에 스며드는 기독교 교육을 실천하는 교회가 얼마나 될까? 기독교 교육에서 실현해야 할 것은 영혼 구원과 그리스도인으로서의 삶을 영위하는 기독교 세계관을 정립하는 것이다. 따라서 교회학교에서는 단순히 성경 지식만 전달되어서는 안 되고, 성경을 기초로 하는 기독교 세계관이 형성되도록 해야 한다.

한국 교회 성도들에게 가장 취약한 부분이 이원론적 사고를 하는 것이다. 다시 말해서 신앙과 삶을 분리하는 이분법적인 사고를 많이 한다. 이를테면 〈표 2〉의 '이원론적 사고'에서와 같이, 과학, 역사, 의학, 문학, 가정 등은 세상에서 배우고 가르치는 내용이고, 교회에서는 성경으로 구원에 대한 진리를 가르치고 배우는 정도로 인식하는 경우가 많다. 그러나 과연 그러한가?

성경이 우리에게 가르치고 교훈하는 것은 '십자가의 구원'과 더불어

'구원 그 이후'의 변화와 성화다. 여기에 참된 기독교 교육은 〈표 2〉의 '올바른 사고'에서와 같이, 성경이 과학, 역사, 의학, 문학, 가정, 직업, 결혼, 이성, 언어, 심지어는 성 문제에 이르기까지 교훈하고 있는 사실을 인식하고 바른 관점을 갖고 세상을 살도록 기독교 세계관을 형성해 주는 것이다.

먼저, 역사에 대한 관점을 보자. 앞서 학교교육과 교회교육의 차이에 대해서 언급했듯이, 세상은 올바른 해답을 주지 못하고 있지만, 성경은 첫 번째 책인 창세기 1장 1절에서 이 문제에 대한 답을 주며 시작한다. "태초에 하나님이 천지를 창조하시니라." 즉 하나님이 역사의 창조주로서 주인이시요, 주관자이심을 가르쳐 준다.

과학에 대한 이해는 어떠한가? 역시 학교에서 그렇게 오랜 시간 많은 학습을 했음에도 불구하고 학교교육은 인간의 기원에 대해 올바른 해답을 주지 못하고 있지만, 창세기 1장 26-28절에 사람은 하나님이 엿새 동안의 창조 사역 중에 자기의 형상을 따라 창조하신 최고의 걸작임을 밝히고 있다.

그런가 하면 성경은 가정과 결혼에 대해서 우리가 갖추어야 할 세계관을 분명하고도 확실하게 가르쳐 주고 있지 않은가? 창세기 2장 18-24절은 여인이 어떻게 지음 받았는지 그 배경부터 시작해 결혼과 가정의 의미를 정의하고 있다.

이처럼 성경은 성, 이성, 언어 등 우리의 삶에 관한 모든 주제를 가르쳐 준다. 단지 영적인 구원과 영생의 문제만 아니라 우리가 살아가는 데 필요한 세계관을 갖추도록 도와준다.

기독교 세계관의 형성을 위해 드림교회는 교사대학 때마다 기독교 세계관 교육을 실시한다. 전체 교사가 기독교 세계관을 바탕으로 아이들을 가르치게 하기 위해서다. 또한 각 교육부서의 커리큘럼에 기독교 세계관이 반영되도록 했고, 설교나 분반 공부 시간에도 이원론적 가치관이 아니라 기독교 세계관을 가르치도록 했다. 특별히 세계관 형성에 있어서 무척 중요한 시기인 청년부의 커리큘럼을 보면, 많은 강좌가 기독교 세계관을 기초로 개설되어 있다. 자신의 철학과 가치관이 완성되어 가는 20대 시절에 기독교 세계관을 가지고 세상 속에서 승리할 수 있도록 한 것이다.

드림교회는 교회학교를 중심으로 전 교회가 기독교 세계관 교육에 집중했기에 건강하고 성숙한 믿음의 후예가 배출되었다고 생각한다.

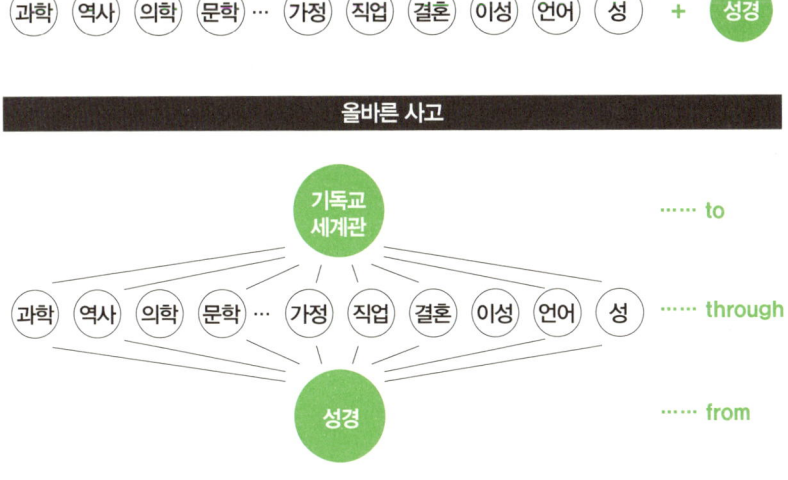

표 2 우리가 갖추어야 할 기독교 세계관

5. 하나님의 사랑은
   명사가 아니라 동사다

주일날 드림교회 교인들이 무척이나 행복해하는 순간이 있다. 주일 낮 예배 시간에 종종 있는 교회학교 아이들의 발표 무대와 교사들의 간증, 광고 시간에 등장하는 성경학교 및 수련회 하이라이트 영상이다.

과거와 달리 이제는 모든 교인이 한마음으로 다음 세대 교육이 가장 중요하다고 인식하고 있는 교회가 드림교회다. 따라서 연중 쉬지 않고 지속되는 교회학교 행사들(두 차례의 전도 행사, 성경학교 수련회, 교회학교 특별새벽기도회, 교회학교 부흥회, 학부모 세미나 등)에 교사들이 전혀 피곤한 기색 없이 섬기고 있고, 그 외에도 더 많은 성도가 뜻을 모아 움직이고 있다.

특히 한국 교회를 섬기기 위해서 시작한 '드림교회 교회교육 콘퍼런스' 같은 전국적인 행사에도 당회로부터 시작해 모든 교인이 최선을 다해 섬기고 있다. 드림교회는 교인들 안에 '다음 세대 교육보다 더 중요한 것은 없다'라는 강력한 인식이 살아 넘치고 있다고 할 수 있다.

"시대가 지났다", "교회학교, 더 이상 안 된다"라는 말은 하나님의 주권과 복음의 능력을 부인하는 변명밖에는 안 된다. 바울이 복음을 전했던 1세기에는 시대가 복음을 요청했고, 세상이 전도자들을 환영했는가? 한국의 초대교회 때는 어떠했는가? 둘 다 복음이 씨알도 안 먹힐 것 같은 시대에 복음을 전했다. 능력도, 생명도 우리에게 있는 것이 아니라 복음에 있다. 복음을 전하는 자가 온전히 순종하며 주의 은혜 안에서 가르칠 때 생명의 역사가 일어날 것이다.

따라서 전도는 해도 되고, 안 해도 되는 것이 아니다. 바울은 "믿음은 들음에서 나며"(롬 10:17)라고 말했다. 이처럼 누군가가 복음을 전해 그 복음을 듣고 믿을 때 구원의 역사가 일어난다. 결코 우연히 되는 법은 없다. 하나님조차도 세상을 사랑하신다고 하셨을 때 말씀으로만 하시지 않았다. 그분은 독생자를 내어 주시고 십자가에서 죽음으로 우리의 죗값을 지불하게 하셔서 우리로 영생을 얻게 하셨다. 하나님의 사랑은 명사가 아니라 동사인 것이다.

우리는 왜 예수님이 세상 끝 날까지 복음을 전하라고 하셨는지 알아야 한다. 구원의 역사도, 생명의 역사도 오직 복음을 통해서만 이루어지기 때문이다. 바울은 자기의 사명이 생명이 다할 때까지 하나님의 은혜의 복음을 증언하는 일이라고 말했다(행 20:24).

드림교회는 영아부에서부터 복음을 전하는 일이 역동적으로 이루어지고 있다. 영아부 교사들은 산부인과와 소아과에 가서 전도한다. 영혼을 사랑하기 때문이다. 매너 없이 무례한 태도를 보인다면 극성스러움으로 치부될 수 있겠지만, 영혼을 사랑하는 마음에 예의를 갖추어 찾아가고 만남을 가지는 것이기에 숭고하다고 할 수 있다. 이때 교회학교는 전도되어 교회를 찾은 학생들에게 생명을 걸고 복음을 가르쳐야 한다.

한국 교회는 농담으로라도 "저것들, 돈도 안 된다. 돈만 든다"라고 말해서는 절대로 안 된다. 복음을 통해 깨닫고 믿게 되는 '온전한 믿음'은 세상 그 무엇으로도 변화시킬 수 없는 인생 역전을 낳기 때문이다.

이보다 더 가치 있고 신나는 일이 또 있을까? 심은 대로 거둘진대, 교회마다 선택이 아니라 필수가 되게 해 다음 세대가 더욱 흥왕하도록 하자.

Book in Book

임만호 목사와 함께하는
1:1 코칭 Q&A

Q1 처음 드림교회에 부임하셨을 때 매우 보수적인 교회인 까닭에 많은 어려움을 겪었다고 하셨습니다. 2대 담임목사로서 과감하고도 개혁적인 사역을 펼치기까지 성도들을 향한 많은 설득과 소통의 과정이 있었으리라 생각합니다. 그 과정에 대해 자세히 말씀해 주시면 같은 길을 걸어야 할 목회자들에게 큰 도움이 되리라 생각합니다.

A 우선 모든 일이 그렇습니다만, 특히 목회는 목회자와 성도 간에 '신뢰'가 형성되어야 한다고 생각합니다. 그리고 신뢰를 이루기 위해서는 '성품'(character)과 '역량'(competence)이 갖추어져야 할 것입니다.

여기서 성품은 기질적인 면보다 인격적인 것으로서, 목회자에게 반드시 필요한 덕목입니다. 또한 목회자는 성품만 아니라 목회자로서의 전문적인 역량을 갖추어야 진정한 리더십을 발휘할 수 있습니다. 결국 신뢰는 인격만 좋다고 해서 쌓을 수 있는 것이 아니고, 스펙이 좋고 능력이 있다고 해서 얻을 수 있는 것도 아니며, 두 가지 요소가 함께 갖추어져야 형성될 수 있습니다.

제가 실제로 겪었던 사례를 들면, 부임한 이듬해 여름 금요기도회 시간에, 1부 예배가 끝나고 2부 기도회 때 성도들에게 양해를 구하고 양복 상의를 벗은 후 기도회를 인도했습니다. 그런데 기도회가 끝난 후 원로장로님 한 분이 앞으로 나오셔서 "목사님, 오늘 은혜가 하나도 안 되었습니다"라고 말씀하셨습니다. 그래서 이렇게 말씀을 드렸습니다. "장로님, 양복 상의를 벗은 것이 진리의 문제이거나 틀린 것은 아닙니다. 그러나 오늘 장로님이 불편하셨다고 하시니 앞으로 제가 입을 것입니다. 걱정하지 마십시오."

만약에 목사가 장로와 견해가 다르다고 시시비비를 가리려고 했다면 아마도 문제가 되었을 것입니다. 저는 양복 상의를 벗는 것이 문제가 된다고 여기지는 않았지만, 상대방이 납득하기까지 주장하기보다는 섬기며 이해시키는 과정이 필요하다고 여겼습니다.

감사한 것은 몇 개월이 지난 후 그 장로님이 어느 날에는 점퍼를 입고 교회에 오시기도 하고, 박수를 치고 계셨습니다. 그리고 그 후 장로님 댁에 심방을 갔을 때 부인 권사님이 이렇게 말씀하셨습니다. "목사님, 우리 장로님이 목사님을 신뢰하신대요!"

변화와 개혁을 이루기 위해서 목회자는 일방적인 주장이나 권위를 내세우려고 하기보다 소통이 이루어지도록 해야 합니다. 또한 소통을 성취하기 위해서는 신뢰를 낳는 섬김과 함께 납득할 수 있도록 이해시키는 인내가 필요합니다. 어느 세월에 그렇게 하느냐고 생각하기가 쉬운데, 진심으로 행하려는 의지와 자세는 주님이 반드시 도와주심을 믿어야 합니다.

저는 전통적인 관념과 인식 가운데 있던 찬송, 기도, 헌금 등 여러 가지 요소에 대해서도 목사의 개인적인 견해나 일반적인 사례로 말하기

보다 성경 말씀을 통해 구체적으로 이해할 수 있도록 메시지를 전하며 변증하려고 노력했습니다. 당회원, 목자 등 리더 그룹에 부단히 목회철학을 브리핑하며 공유하고 납득할 수 있도록 힘썼습니다.

Q2 목사님의 다음 세대 사역에 대한 열정은 대단한 것 같습니다. 교회교육에 있어서 가장 선구적인 교회로 이끄시기까지 목사님의 끊임없는 관심과 적절한 교육 정책이 뒷받침되었다고 말씀하셨는데, 구체적인 교육 정책에 대해 부연 설명을 부탁드립니다.

A 드림교회에 부임할 때 교회학교의 상황은 다른 교회에 비해 어려웠던 것이 사실입니다. 교회가 분리 개척해 설립할 때 분쟁이 있다 보니 청년들을 비롯한 젊은이들이 신앙과 교회에 회의를 품고 소극적인 상황이었습니다. 그래서 부임할 때 교회학교 교사는 거의 주부들뿐이었습니다. 그럼에도 불구하고 교사대학과 교육대회 등을 부임 초기부터 개설하고, 기독교 교육에 대한 가치와 사명을 공유하며 실시했습니다.

비록 교회학교 학생 수는 적었지만 모든 부서가 주일에 드리는 교회학교 예배와 분반 공부, 그리고 교사 교육이 통일성을 갖고 시행되도록 했습니다. 이를테면 설교 본문과 분반 공부 본문이 동일하도록 했습니다. 목회자는 설교 시간에 본문의 핵심을 전하고, 교사는 분반 공부 시간에 그 메시지의 내용을 가지고 토론하며 진행하도록 했습니다. 주일 모임의 지극히 제한적인 시간에 '원 포인트 교육'을 실시한 것입니다.

이때 공과는 교단의 공과 책만 의무적으로 사용하도록 하지 않고, 취학 전, 초등학교, 중고등학교 등 각 연령과 특성에 따라 교재를 제작, 편집하거나 출판된 교재를 사용하는 데 유연성을 허용해 왔습니다.

우리나라 고등학생들이 학교에서 한 주간 머무는 시간은 70시간쯤 되고, 교회학교는 한 주에 진행되는 시간이 70분쯤 됩니다. 그뿐만이 아닙니다. 교육 여건으로 보나, 재정으로 보나 비교될 수 없을 만큼 제한적입니다. 그러나 그 가치는 비교급이 아닌 절대 가치인 교육이 바로 교회학교 교육입니다. 이처럼 지극히 제한적인 조건에서 교회교육을 시행하기 위해서는 체계적인 시스템이 구축되어야 한다고 생각했습니다. 예배와 분반 공부와 특별활동에 있어서 말입니다.

이런 교육을 실행하기 위해서는 교사의 준비가 선행되어야만 했기에 매주 학생들이 돌아간 후 교사 모임 시간에 회무를 길게 하는 것을 지양하고 교사 성경 공부를 하도록 했습니다. 교사 성경 공부는 교역자가 다음 주일 성경 본문을 준비해서 진행하며, 철저하게 은혜의 시간이 되도록 하는 것이 원칙입니다. 이것은 교역자는 물론이거니와 교사들이 한 주간 동안 학생들에게 가르칠 말씀을 묵상하며 준비하는 요인이 됩니다. 그래서 교사용 공과 책은 학습을 준비하는 데 참고도서가 되어야지, 성경 공부 시간에 손에 들고 진행해서는 안 됩니다.

교회학교 분반 공부는 학교 수업과는 비교할 수 없을 만큼 지극히 짧은 시간에 진행됩니다. 따라서 교과 내용에 있어서 '원 포인트(설교와 공과를 연결해 한 주에 하나의 메시지만 전달)', 학습 진행에 있어서 철저히 소화된 진행이 이루어지지 않으면 그야말로 형식적인 진행과 모임이 될 수밖에 없습니다. 이러한 부분은 교회학교의 규모와 상관없이 모든 교회학교가 고민하며, 대안을 모색하고 실현해야 할 교육 정책이라고 생각합니다.

교사 양성 교육을 위한 교사대학은 교사로 봉사하기 위한 자들이 필수 과정으로 이수하도록, 12과목의 교과를 편성하고 수료하도록 했습니다. 이를 위해 교사대학은 매년 전·후반기 두 차례로 진행되며, 교회의 특성상 수료한 자들만 교사로 임명하기보다는 먼저 교사로 지원하고 봉사하면서 이수할 수 있도록 배려하고 있습니다.

교사 계속 교육을 위한 교육대회는 현재 교사로 봉사하고 있는 현직 모든 교사와 앞으로 교사를 희망하는 자들까지를 대상으로 매년 전·후반기에 특별 강좌 형태로 실시하며, 내용은 그때마다 교사에게 유용한 주제로 선정하고, 주로 초청 강사를 모셔 진행하곤 합니다. 예를 들면, 문화, 이단, 리더십, 기독교 세계관, 커뮤니케이션 등 다양한 영역을 섭렵합니다.

교사 양성 과정인 교사대학이 수료 과정이기에, 교육대회는 교사로 계속해서 봉사하는 현직 교사들에게 재교육과 재충전의 기회가 되며, 교회학교 전체 교사의 연합과 격려의 효과도 얻을 수 있습니다.

Q3 장년 성도들로 하여금 다음 세대를 사랑하고 귀히 여기는 사명을 일깨우며 섬기게 하기까지는 다양한 동기 부여가 필요했을 것으로 보입니다. **이를 위한 담임목사 본인의 노력과 당회 및 성도들의 지원 등에 대해 구체적으로 말씀해 주십시오.**

🅐 교회의 기관이나 부서가 역동적인 사역을 이루는 것은 어느 한 기관이나 부서에서만 노력한다고 쉽게 전개될 수 있는 것이 아님은 사실입니다. 그래서 제가 즐겨 표현하는 말이 교회의 '공기'입니다. 다른 말로 '분위기'입니다. 교회 전체를 이끌어 가는 담임목사의 역할과 정책이 중요합니다.

따라서 저는 부임할 때 교회의 '사명선언문'과 '표어', '5대 비전'을 교회 앞에 발표하고, 그 취지와 의미를 공유하는 데 부단히 힘썼습니다. 그래서 성도들이 이해하고 공감하며 함께하려는 의지를 갖게 되었다고 봅니다. 먼저는 당회 앞에 목회 계획과 내용을 설명하고 결의한 후, 교회 앞에 메시지를 통해, 그리고 일반 성도들을 대상으로 하는 '성장연구원'의 교육을 통해 공유하며 교육하는 일을 부임 때부터 지금까지 한결같이 해왔습니다.

Q4 담임목사로 부임하시고 3년이 지난 2001년부터 교회학교가 급성장한 것으로 보입니다. 급성장한 동력과 계기가 무엇인지요? 많은 분이 성장 임계점에 대해 궁금해하실 것 같습니다.

🅐 앞서 말씀드린 것처럼, 부임 당시는 교육부서가 아직 체계적으로 분류되지 않았고, 학생 인원이 많지 않은 상황이었지만 교육 정책을 수립하고 진행했습니다.

그리고 2000년, 예배당을 6개월간의 공사로 건축한 후에 2001년 첫 주에 입당하며 교회학교를 영·유치부, 유년부(1-3학년), 초등부(4-6학년), 중고등부, 청년부로 분류했습니다. 당시는 교회가 재정이 없는 가운데 건축을 했기에 본당조차도 실내 사면이 빨간 벽돌이었으며, 영상 프로젝트를 설비하지 않고 OHP를 1년여 동안 사용했습니다. 그러나 유년부와 초등부를 분리하면서 학생들이 각각 35명이었는데, 교육부 예배실마다 프로젝트와 스크린을 설비해 주었고, 영상 자료를 지원해 주었습니다.

또한 당시 교사들의 평균 연령은 40-50대 주부들이었지만 교사대학과 교육대회를 통한 교육을 실시하며 관심을 갖고 배려했습니다.

이처럼 목회자와 당회가 한마음으로 응원하는 가운데 모두가 노력하며 섬긴 결과, 그해 연말에 장년 출석이 500명대가 되었고, 교회학교 출석도 470명이 되어 장년 숫자와 비슷해졌으며, 이후 매년 장년부와 교회학교가 비슷하게 성장해 왔습니다.

Q.5 오늘날 많은 교회가 교회학교를 부흥시키기 위해 각고의 노력을 기울이고 있습니다. 그러나 성공보다는 실패를 거듭하거나 벽에 부딪히는 상황을 종종 만나게 되는 것이 현실이기도 합니다. 드림교회 역시 지금의 부흥을 맞이하기까지 다양한 갈등과 난관을 만나면서 시행착오를 겪었으리라 예상되는데요, 그 상황을 어떻게 타개해 나가셨는지 궁금합니다.

A 실로 교회학교 정책을 수립하고 실행하기까지 하루아침에 이루어진 것은 아니지만 크게 난관에 부딪히거나 큰 시행착오를 겪은 일은 없었습니다. 물론 지금도 동역자들에게 "우리가 어떤 일을 진행하다 시행

착오를 범하는 것은 괜찮으나, 준비를 소홀히 하는 것은 죄입니다"라고 말하곤 합니다. 이처럼 최대한 준비를 철저히 했을 때 모두가 공감해 주었고, 한마음으로 한 방향을 바라보며 열정을 품은 것이 사실입니다.

Q6 사실 한 교회를 이끌어 가는 데 있어서 가장 큰 비중은 담임목사의 목회 역량과 철학에 실려 있다고 해도 과언이 아닐 것입니다. 그러나 이를 위해서는 부목사들의 조력이 반드시 필요합니다. 목사님의 목회 철학인 '절대 가치의 기독교 교육'을 부목사들과 효율적으로 공유하고 최대한의 협력을 이끌어 내기 위해 어떠한 노력을 기울이시는지 궁금합니다.

A 질의에서 말씀하신 것처럼 목회의 모든 영역이 다 그렇지만, 특히 여러 부서로 나뉘어 사역이 진행되는 교회학교 교육에 있어서는 담임목사의 목회철학을 부교역자들이 이해하고, 같은 방향을 지향하며 사역해야 건강한 공동체로서의 교회요, 정체성이 있는 교회로 세워질 수 있습니다.

　이를 위해서는 먼저 담임목사의 목회철학이 분명하게 확립되어 있어야 하고, 담임목사 자신이 목회철학에 따라 실행하는 실천적인 삶이 필요하다고 생각합니다. 그러면서 목회철학을 동역자들과 공유할 때 동역자들이 한 방향을 바라보며 함께 꿈꾸고, 함께 일구어 갈 수 있는 것입니다.

　그래서 저는 동역자들의 은사와 역량을 최대한 발휘해 펼칠 수 있는 자율권을 주며, 잡무에 시간을 많이 빼앗기지 않도록 하려고 합니다.

그러나 모든 부서의 예배와 교육, 행사에 있어서 교육 목표와 교수 목표가 분명하게 세워진 가운데 실행할 원칙에 있어서는 항상 고민하고 점검하며 성취하자고 합니다.

Q7 대부분의 교회는 교회학교를 담당하는 교역자가 전도사나 교육목사이거나, 부목사가 교회학교와 교구를 겸해서 맡고 있습니다. 드림교회는 부목사들이 교회학교를 담당하고 있는데요, 그 이유에 대해 설명해 주십시오. 부목사들이 교회학교를 담당하게 되기까지 당회 및 성도들과 합의하는 과정에서 어려운 점은 없으셨는지요?

A 한국 교회의 의식에는 대부분 교육전도사가 교육부를 맡아 섬기는 것으로부터 시작해서 전임 사역자가 되고 난 후에는 교구 사역자가 되는 것을 승진처럼 여깁니다. 또한 여력이 있어 교구와 교육부를 구분해 사역할 수 있는 교회가 아닌 경우, 대부분은 교구와 교회학교를 겸해서 사역하게 됩니다.

드림교회가 교육부를 전임 사역자에게 맡기는 이유는 한마디로 은사에 따른 사역과 함께 전인 사역을 지향하기 때문입니다. 사실 교구는 특화된 재능이나 은사가 없어도 성실하게 섬기면 감당할 수 있어도, 교회학교는 그 부서의 학생들에게 맞는 설교와 지도를 할 수 있는 은사와 역량이 없으면 감당하기가 쉽지 않다고 생각합니다. 교회학교 각 세대에 맞는 지도력을 갖추고 도전하며 제대로 양육하기 위해서는 그야말로 역량이 있어야 합니다.

이런 취지에서 최대한 교회학교 각 부서에 맞는 은사와 역량을 갖춘 사역자로 하여금 준비하며 감당하도록 하며, 주말에 잠깐 사역하는 것이 아니라 주중에 장년부처럼 교사와 학생의 신앙과 삶을 돌보며 양육하도록 한 것입니다. 따라서 교육부 사역자들에게 자기 부서와 역할 외에는 가능하면 일반 잡무를 짐 지우지 않으려고 합니다. 당회는 이런 목회 취지와 방향을 이해하고 적극적으로 지원해 왔습니다.

Q8 교사 발굴에 대한 내용이 궁금합니다. 많은 성도가 적극적인 자세로 교사에 헌신하기까지는 목사님만의 특별한 동기 부여 방법이 있을 것 같습니다.

A 목회적으로 아주 중요한 부분이라고 여깁니다. 이것을 저는 교회의 '공기', '분위기'라고 합니다. 교회학교 교사는 학교 교사처럼 지원하고 경쟁해서 발령을 내는 것이 아니고, 자원해서 봉사하는 것이기에 교사에 대한 필요성과 사명감과 자원함을 갖고 헌신하는 교회 전체적인 분위기가 매우 중요합니다. 이것은 연말에 교사를 모집할 때의 광고로만 되는 것은 아니고 평소에 교회 전체적인 분위기가 형성되어야 한다는 뜻입니다.

따라서 목회적으로 항상 성도들이 자녀와 다음 세대를 일구는 일의 필요성을 공감하고 함께하도록 하는 일이 필요합니다. 이를 위해 평소의 메시지, 스승의주일과 교사의 밤 행사를 통한 격려, 교사대학, 교육대회 등을 통한 관심과 배려가 이루어져야 합니다.

Q.9 군산 드림교회의 중점 사역은 교회학교와 교사 교육입니다. 혹시 이에 속하지 않은 장년 성도들을 향해서는 영적인 돌봄이 어떻게 이루어지는지 궁금합니다. 교회의 성장 동력인 교사 발굴에 지나치게 집중하다 보면 분명 소홀히 하게 되는 영역도 있지 않을까 싶습니다. 이 부분을 보완하기 위해서 어떤 노력이 있었는지요?

A 드림교회는 교회학교 교육이 특화되고, 오직 교회학교 교육에 올인하는 것처럼 여기는 분들이 많습니다. 저는 이 부분에 대해 담임목사나 사역을 준비하는 목사들에게 항상 경계의 말을 하곤 합니다. 담임목사가 선교를 전공했다고 선교에 올인하거나, 교육을 전공했다고 교육에만 올인하는 것은 난센스라고 말입니다.

지상의 지역교회(Local church)는 개척교회이든 기성교회이든, 규모가 크든 작든 간에 목회의 균형 잡힌 요소가 갖추어지고 조화를 이루어야 한다는 것이 저의 지론입니다. 드림교회의 예를 들면, 5대 비전인 예배, 교제, 성장, 사역, 증거가 균형과 조화를 이룰 때 건강한 교회가 될 수 있다고 여기는 것입니다. 다시 말하면, A교회 예배가 은혜롭고 메시지가 좋다고 그 교회에서 예배드리고, B교회가 교제를 잘한다고 그 교회에 가서 교제하고, C교회가 선교를 열심히 한다고 그 교회에 가서 선교하는 법은 없는 것입니다. 어느 교회든지 이런 요소가 균형과 조화를 이루어 성취되어야 성도들이 건강한 신앙생활을 할 수 있고, 건강한 교회 공동체가 실현되는 것입니다.

따라서 교회학교를 위해 교사 양성 과정인 교사대학과 교사 계속 교육 과정인 교육대회 등이 진행될 뿐만 아니라, 일반 성도들을 대상으로 하는 '성장연구원'이 있어 신앙의 기본 진리를 비롯해 기독교 세계관과 리더십, 그리고 성경 각 권을 비롯한 다양한 주제를 섭렵할 수 있도록 하는 강좌가 매년 전·후반기 3개월 과정으로 운영되고 있습니다.

Q10 교회학교 교사의 경우 교회학교 담당 목사와 교구 목사 중 누가 영적인 돌봄(심방 및 애경사 등)을 하는지요? 교사 사역과 교구 사역이 이원화되어 있는지, 혹은 일원화되어 있는지 궁금합니다.

A 교회의 특성상 교사도 일차적으로는 교인이기에 심방과 애경사는 기본적으로 교구에서 돌보며, 봉사하는 부서 교역자도 교사를 이해하기 위한 심방을 하고 애경사에도 함께 참여해 협력합니다.

Q11 각 부서의 다양한 자료들을 접하면서 드림교회에 꿈이 있는 아이들이 몰려드는 이유를 알 것 같습니다. 다만 궁금한 것은 각 부서가 담당 목사에게 전체가 일임된 채 담임목사의 비전 아래 독립적으로 움직이는지, 아니면 전체 부서에 하나의 통일된 매뉴얼이 있는지입니다. 전도, 새신자, 교사 교육, 양육(특히 제자훈련) 등 각 부서의 커리큘럼들을 총괄하는 시스템이 있는지, 있다면 어떤 식으로 운영되는지 궁금합니다.

A 예배, 양육, 교사 교육 등의 진행에 관한 시스템은 전 교육부서가 통일성을 갖고 동일하게 지키는 것을 원칙으로 하되, 교육 내용의 커리큘럼을 비롯한 제자훈련과 양육 등은 자율권을 가지고 역량을 발휘하

도록 합니다.

　미래적으로는 영아부에서 청년부까지 양육에 관한 교과과정과 교재 개발을 하려고 합니다. 주일에 진행되는 커리큘럼을 비롯해 계절학교 커리큘럼에 이르기까지 피교육자 편에서 체계적인 내용을 섭렵하며 신앙 훈련이 되도록 할 계획입니다.

Q12 한국 교회의 대부분이 소형 교회, 개척 교회입니다. 이런 상황에서 교회학교 사역을 위해 가장 중요하게 생각해야 하고, 먼저 시도해야 하는 것이 무엇이라고 여기시는지요?

A 성도들과 목회철학을 공유함에 있어서 '교회교육의 절대 가치성'을 나누는 것입니다. 그리고 교회교육에 대한 실질적이고도 구체적인 정책 수립과 교사 훈련이 필요합니다. 드림교회도 제가 부임했을 당시는 앞에서 말씀드린 것처럼 한국 대부분의 교회와 같이 학생들이 소수였고, 교사도 40-50대 주부들이 주류였습니다.

　오늘날 교회마다 규모를 떠나 교회학교 조직과 재정의 편성이 있습니다만, 정책 수립과 훈련이 막연한 경우를 많이 보게 됩니다. 따라서 너무 막연하고 어렵게 여기기보다는 구체적인 정책을 수립하고, 기본부터 시행하면 반드시 이루어질 수 있다고 봅니다.

Q13 마지막으로 한국 교회 교회학교의 부흥을 꿈꾸는 많은 목회자에게 격려의 메시지를 부탁드립니다.

A 오늘날 한국 교회가 1980-1990년대의 성장에 비해 둔화되고 정체됨에 많이들 우려와 염려를 합니다. 하지만 세계 교회 역사의 초대교회나 한국 교회 역사의 초대교회가 무에서 시작했던 것처럼, 무에서 개간하고 개척해 일군다고 생각하며 도전하기를 바랍니다. 우리나라가 지난 세기에 비해 출산율이 낮아지고 경제 성장을 비롯한 여러 가지 요인들에 의해서 신앙에 대한 관심이 저하된 것은 상대적인 조건의 비교이지, 아직도 신앙생활을 하지 않고 전도해야 할 대상이 믿는 자들보다 몇 갑절 많습니다.

사도 바울이 아시아와 유럽에 복음을 전할 때는 감히 씨알도 먹히지 않을 것 같던 시절이었으나, 복음을 뿌리고 심자 복음 자체가 역사했던 것처럼 오늘도 복음의 능력을 믿고 전하는 한국 교회가 되면 우리 주께서 거두게 하시리라고 믿습니다. 특히 다음 세대를 향한 우리의 섬김이 한국 교회의 도약을 이루는 초석이 되는 것은 변함없는 원칙이고 약속입니다.

PART. 2

교회학교의 모판
미취학부

영·유치부는 교회학교 영적 모판을 채우는
씨 뿌리기 사역이다

황 명 철 목사

기독교 교육에 대한 말씀의 접목을 탁월하게 해내는 은사가 있다.
2016년까지 유치부 사역을 하다가 올해부터는 청년2부와 유년부를 담당하고 있다.

고신대학교 기독교 교육학(B.A)
총신대학교 신학대학원(M.div)
에스라성경대학원 신학 석사(Th.M)
ezra2849@naver.com

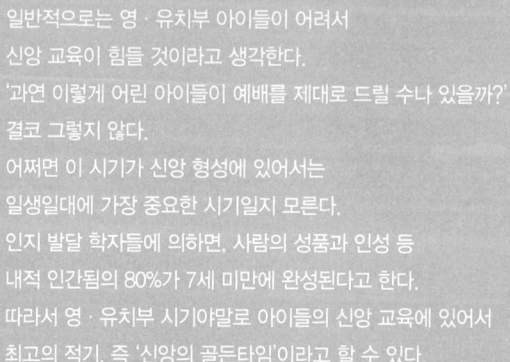

일반적으로는 영·유치부 아이들이 어려서
신앙 교육이 힘들 것이라고 생각한다.
'과연 이렇게 어린 아이들이 예배를 제대로 드릴 수나 있을까?'
결코 그렇지 않다.
어쩌면 이 시기가 신앙 형성에 있어서는
일생일대에 가장 중요한 시기일지 모른다.
인지 발달 학자들에 의하면, 사람의 성품과 인성 등
내적 인간됨의 80%가 7세 미만에 완성된다고 한다.
따라서 영·유치부 시기야말로 아이들의 신앙 교육에 있어서
최고의 적기, 즉 '신앙의 골든타임'이라고 할 수 있다.

1. 영·유치부 시기는 '신앙의 골든타임'이다

교회학교에서 어떤 부서가 가장 중요할까? 필자는 단연코 영아부와 유치부(이하 영·유치부)라고 믿는다. 일반적으로는 영·유치부 아이들이 어려서 신앙 교육이 힘들 것이라고 생각한다. '과연 이렇게 어린 아이들이 예배를 제대로 드릴 수나 있을까?' 결코 그렇지 않다. 어쩌면 이 시기가 신앙 형성에 있어서는 일생일대에 가장 중요한 시기일지 모른다. 인지 발달 학자들에 의하면, 사람의 성품과 인성 등 내적 인간됨의 80%가 7세 미만에 완성된다고 한다. 따라서 영·유치부 시기야말로 아이들의 신앙 교육에 있어서 최고의 적기, 즉 '신앙의 골든타임'이라고 할 수 있다.

드림교회 영아부에는 3-4세 아이들로 구성된 성가대가 있다. 3-4세 아이들이 어떻게 성가대가 가능할까? 다소 믿기 힘들겠지만, 여기에 와서 직접 보면 깜짝 놀랄 것이다. 영아부 성가대는 아이들 몇몇이 서서 찬양하고 마는 것이 아니라 정식 성가대다. 그래서 매주 금요일이면 연습이 있고, 연습에 참석한 아이들이 영아부 예배 때 성가대로 선다. 평균 20명 정도의 아이들이 성가대로 찬양을 하는데, 정말 열심히 찬양하고 율동한다.

왜 드림교회는 어린아이들을 위해 성가대를 만들었을까? 지금이 바로 신앙의 골든타임이기 때문이다. 아이들의 신앙 발달에 있어서 지금처럼 중요한 때가 없기 때문이다. 어릴 적부터 사무엘과 같은 믿음의 아이들을 만들기를 꿈꾸기 때문이다.

언젠가 5세 아이가 처음으로 유치부에 출석하게 되었다. 아이는 난생 처음 교회에 와서 모든 것이 어색해 당황스러워했다. 선생님이 아이에게 기도하는 법, 찬양하는 법을 친절하게 설명해 주셨다. "선생님처럼 무릎을 꿇고 손을 모으고 눈을 감는 거예요. 기도가 끝나면 '아멘'이라고 말하면 돼요." 아이는 이내 교사를 따라 하며 예배를 드렸다. 그리고 금방 유치부에 적응했고, 이제는 매 주일 빠지지 않고 교회에 출석하고 있다.

그런데 놀라운 것은 부모님이 교회에 다니지 않았다는 것이다. 아이의 가정에서는 일요일이면 일정이 있어 외출해야 하는데, 교회에 다니기 시작한 아이 때문에 곤란을 겪게 되었다. 아이가 무슨 일이 있어도 주일에는 교회에 가야 한다고 고집했던 것이다. 그래서 부모가 매주 아이를 교회에 데려다 주면서 함께 유치부 예배를 드리게 되었다. 그리고 지금은 교회에 등록해 신앙생활을 함께 하고 있다. 결국 5세 아이의 믿음이 한 가정을 믿음의 가정으로 변화시킨 것이다.

이것이 바로 영·유치부 아이들의 순수한 믿음이다. 선생님이 가르쳐 준 그대로 스펀지처럼 받아들이는 것이다. 이 시기야말로 신앙 교육을 하기에 가장 좋은 때임을 발견하게 된다.

그러면 어떻게 아이들에게 신앙 교육을 할 것인가? 중요한 것은 아이들의 수준과 연령에 맞게, 그리고 아이들이 흥미롭게 참여할 수 있는 교회교육 환경을 만들어 나가는 것이다. 쉽게 말하면, 아이들의 눈높이에 맞춘 교육을 제공하는 것이다. 그러면 아이들이 모이고, 부모들이 관심을 가지고 교회를 찾아온다.

얼마 전에 있었던 일이다. 한 아버지가 아이를 데리고 영아부를 찾아오셨다. 그분은 불교 신자셨다. 궁금한 나머지 어떻게 드림교회에 오게 되셨는지 질문했다. 그러자 자기 친구가 드림교회에 다니는데, 교회학교 교육이 정말 좋다고 해서 자기 아이도 교육시키러 왔다고 하셨다. 또 언젠가는 천주교 신자인 어머니가 아이를 데리고 교회를 찾으셨다. 천주교에는 아이들을 따로 교육하는 부서가 없는데, 드림교회는 교회학교 교육이 잘되어 있다고 해서 소문을 듣고 찾아왔다고 하셨다.

이처럼 아이들에게 관심을 가지고 제대로 교육하면 비신자까지도 찾아온다. 현재 드림교회 미취학부인 영·유치부는 영아부, 유치1부, 유치2부로 구성되어 있으며, 매 주일 약 500여 명의 아이들이 함께 모여 예배드리고 있다.

왜 우리는 미취학부를 '모판'이라고 부르는가? 가장 어린 부서인 영아부에서 유치부로 아이들을 올려 주고, 유치부에서 유년부로, 그리고 초등부, 소년부, 청소년부, 청년부로 올려 주고 있기 때문이다. 만약 미취학부에서 아이들을 올려 주지 않으면 드림교회 교회학교는 존재할 수 없게 된다. 맨 아래 부서인 영아부에서 매년 올려 주는 80명의 아이들이 드림교회의 모판이 되는 것이다.

과연 아직 말도 잘하지 못하고, 잘 걷지도 못하는 아이들이 모여 찬양하고 예배드리는 미취학부에 어떠한 특별함이 있기에 이처럼 많은 아이가 모이고 있는 것일까?

2. 교역자보다 더욱 빛나는, 헌신된 교사들

어떤 교역자든 드림교회 영아부를 맡게 되면 이렇게 말하곤 한다. "목사가 할 일이 없습니다. 하고 싶어도 할 일이 도무지 없습니다." 이 말은 목회자가 할 일이 없어 놀겠다는 뜻이 아니라, 교사들이 매우 열심히 섬겨 주어서 목회자가 편하게 사역할 수 있다는 의미다.

이러한 흐름은 일반적으로 교회교육이 잘 이루어지고 있는 교회와는 전혀 패턴이 다르다. 보통 성장하는 교회의 경우, 탁월한 교역자 한 명의 모습이 돋보이는 경우가 많다. 하지만 드림교회 영·유치부는 이와 정반대의 모습을 하고 있다. 수많은 헌신된 교사가 포진해 있으며, 무려 월요일부터 교회에 와서 자기 부서의 사역에 매진하는 그들의 모습을 쉽게 볼 수 있다.

특히 부장을 중심으로 임원진이 꾸려지면 각자의 은사에 맡게끔 부서를 나누어 예배와 반 관리의 시너지를 높이는 식으로 운영되고 있다. 각 부서는 30-47개 반이 연령별로 편성되어 있는데, 연령마다 반장 교사가 있어서 해당 교사들을 관리한다. 예를 들어, 3세 반장, 4세 반장, 5세 반장 식이다. 또한 두 개 반이 짝꿍 반이 되어서 서로의 반을 협력하기도 한다. 교사들이 이중으로 협력하고 나누는 믿음의 울타리가 만들어진 것이다. 교사 조직을 좀 더 자세히 들여다보면 다음과 같다.

1) 총무부(임원진)

부장을 필두로 한 임원진들은 교사들의 애경사에 적극적으로 참석하거나 방문하고, 미취학부 입원 환자를 심방하며, 가정의 어려운 일을 함께 나누며 섬기는 일을 한다. 총무, 회계, 서기 업무를 비롯해 전반적인 계획들을 상의하며 진행한다. 임원들은 누구보다 열정적으로 사역에 동참한다. 사역자의 자세로 언제든 교회에 달려올 준비가 되어 있는 분들이다. 그래서 이들을 믿고 영·유치부 사역을 진행할 수 있다.

2) 영상부

부모들은 내 아이가 어떻게 예배를 드리고 있는지 많이 궁금해한다. 그래서 주일 예배 모습을 매주 촬영해 각 부서의 SNS에 올려 부모들이 볼 수 있도록 하고 있다. 그리고 각 반 교사들은 부모들에게 그날 찍은 사진들과 동영상을 개별적으로 보내고 아이들에 대한 간략한 메시지를 남긴다. 부모들은 아이들이 예배드리는 모습을 보며 감격과 흐뭇함을 느낀다. 여기에 감동을 받아서 교회에 출석하는 부모들도 있다.

3) 찬양부

영·유치부에는 각각 찬양 팀과 성가대가 있는데, 연초에 오디션을 통해 선발된 아이들로 구성되어 있다. 찬양부에 관심 있는 아이들이 많아서 연초마다 진행되는 오디션은 경쟁률이 아주 치열할 정도다. 매주 금요일과 토요일마다 2시간씩 연습하고, 연습한 아이들만 주일에 찬양팀과 성가대로 섬기고 있다. 이를 통해 아이들이 하나님을 예배하는 모습을 배우고 훈련하고 있다.

4) 새가족부

드림교회 미취학부에는 매주 교회를 찾아오는 새가족들이 상당하다. 전도 축제나 행사가 아니라 평범한 주일에도 부서별로 2-3명, 많게는 10명 넘게 새가족들이 찾아온다. 그래서 영·유치부에서는 새가족부에 신경을 많이 쓰고 있다.

영아부의 경우, 처음 온 부모들에게 영아부 전반에 대해 상세하게 소개해 주고, 아이들의 교육에 관심을 갖고 던지는 질문에 답해 준다. 그리고 아이들이 영아부 예배에 자연스럽게 적응하면 담임 교사에게 연결해 준다. 유치부의 경우, 새 친구가 등록하면 새가족반으로 편성된다. 새가족반 4주 프로그램을 통해 복음에 대해서, 교회에 대해서, 예배에 대해서 설명함으로 교회에 정착할 수 있도록 교육한다. 그리고 반 배정을 하기 전에 담임 교사와 친해지도록 일주일 전에 교제의 시간을 갖는다. 감사한 것은 영·유치부의 새가족들로 인해 부모들이 교회에 등록해 신앙생활을 하는 경우가 많다는 것이다.

5) 봉사부

봉사부는 미취학부 아이들이 예배를 잘 드릴 수 있도록 모든 예배당 환경과 교육 환경을 관리하는 일을 한다. 예배 시작 전에 공과책과 책상을 꺼내 놓고, 분리수거 통과 식수와 컵을 준비해 놓고, 공과 시간에 필요한 도구함을 준비해 놓는다. 아이들이 앉는 예배 자리 세팅과 신발 정리까지 아름답게 섬기고 있다. 이를 통해 영·유치부 예배가 매끄럽게 진행되고 있다.

6) 예능부

예능부에는 드라마 팀과 챈트 팀, 큐맨 팀 등이 있다. 아이들이 예배에 집중할 수 있도록 분위기를 환기시키고, 아이들이 예배 주제를 분명히 기억하도록 돕는 역할을 한다. 아이들이 가장 기다리고 좋아하는 시간이다. 각 팀원들은 매주 모여서 다음 주 예배 주제에 맞춰 기획하고 연습한다. 재미있는 것은 20대 대학생 교사부터 60대 권사님 교사까지 나이를 불문하고 아이들의 눈높이에 맞춰 공연하고 있다는 것이다. 이와 같은 교사들의 전폭적인 헌신으로 아이들이 예배에 집중하고 있다.

자료 1

예능부 팀 소개

드라마 팀: 한 달간의 교육 주제를 매월 마지막 주에 드라마로 보여 주는 사역을 감당한다. 친구 초청 잔치나 성경학교 등 특별 행사 때도 특별 프로그램으로 섬기고 있다. 이를 위해 매주 모여 새로운 아이디어와 드라마 콘티를 짜며 연습을 하고, 소품을 준비한다. 드라마 시간은 아이들이 가장 기다리는 시간 중에 하나다.

챈트 팀: 매주 주제를 랩 찬양과 율동으로 함께 외우는 시간이다. 이를 위해 주말마다 각 주제에 맞는 율동을 만들고, 음악을 찾아 준비해 아이들이 더 즐겁게 말씀을 외우며 기억하도록 돕고 있다.

큐맨 팀: 설교 도입 역할을 준비하는 팀이다. 3-5분 정도의 짧은 스킷 드라마, 찬양, 동요, 마술, 게임 등을 준비해 오늘의 설교 주제가 무엇인지 알려 준다. 전 교사가 돌아가며 준비한다. 교사마다 독특하고 재미있는 아이디어를 보여 주는 시간이기 때문에 아이들이 기대하고 즐거워한다.

3. 아이들의 눈높이에 맞춘, 예배

아이들은 드림교회 미취학부 예배에 한 번 참석하면 또 오고 싶어 한다. 그러니 전도가 되지 않을 수 없고, 성장하지 않을 수 없다. 미취학부의 예배의 특별함 때문에 아이들은 큰 기대감을 갖고 교회에 오고, 모두가 함께 뛰놀며 하나님을 찬양하고 있다.

예배를 시작할 때부터 준비된 찬양 팀과 성가대가 예배에 대한 사모함을 심어 주고, 설교 전에는 딱딱한 말씀을 풀어 주기 위해서 재미있는 노래와 율동이 가미된 챈트와 큐맨 시간이 있다. 또한 설교와 연관해 준비하는 예능 팀이 있다. 여기에는 드라마 팀과 인형극 팀이 있는데, 종합적인 재능을 활용해 예배를 돕는 사역을 한다. 특히 초청 잔치와 특별 절기의 경우에는 더욱 특별한 순서를 준비해 발표한다. 여기에는 의상과 소품을 만들고 효과음을 활용하는 등 교사들의 세심한 노력이 들어간다. 영·유치부 교사들은 거의 매일 교회에 나와서 연습을 하며, 자신들의 달란트를 녹아들게 하는 가운데 최선을 다해서 준비하고 또 준비한다.

이 모든 것은 단지 재능으로 되지 않는다. 많은 교사가 기도와 땀과 눈물로 섬기고 있으며, 매년 업그레이드된 모습으로 미취학부 아이들에게 기쁨으로 복음을 전하고 있다. 그래서인지 예능 팀은 교사의 은사를 발견하는 통로가 되기도 하고, 주님께 드리는 기쁨의 간증이 넘치는 곳이다. 설교와 관련된 재미난 연극과 드라마를 통해 아이들은 성경에 조금 더 쉽게 접근하게 된다.

그리고 아무 데서나 들을 수 없는 담당 교역자들의 뛰어난 메시지는 아이들의 귀에 쏙쏙 박힌다. 실제로 드림교회 유치부의 경우, 가정에서 부모가 아이에게 설교 내용을 물어보면 거의 처음부터 끝까지 정확히 기억하고 있다. 그만큼 설교자들의 탁월한 준비가 한몫한다고 할 수 있다.

드림교회 미취학부 교역자들은 설교에 있어서 모두 탁월하다. 영·유치부 설교는 쉽고도 유치할 것이라고 흔히 생각하는데 결코 그렇지 않다. 영·유치부 설교는 명확하고 단순해야 한다. 따라서 교역자들은 아이들의 눈높이에 맞춰 전달하지만 성경이 전하고자 하는 메시지를 분명하게 선포하고자 노력한다. 교사들 및 함께 참석하는 부모들에게도 은혜가 될 수 있는 설교가 전해져야 한다.

드림교회 영·유치부는 은혜로운 설교를 위해 담당 교역자가 일주일 동안 성실하게 설교를 준비한다. 실제로 부모들 중에서 초신자의 경우, 유치부 설교가 더 쉽게 이해된다고 좋아하는 분들이 종종 있다. 그리고 유치부 아이들 중에 집에 가서 부모들에게 예배 시간에 들은 설교 말씀을 들려주는 아이들도 있다.

설교 후에는 공과 공부가 진행된다. 설교와 공과 공부는 동일한 주제로 진행된다. 설교와 공과 공부를 연결해 한 가지 메시지만 전달해 아이들이 말씀을 잘 기억하도록 한다. 공과는 일주일 전 교사 모임 시간에 담당 교역자가 교육한다. 그러면 교사들은 일주일 동안 다시 공과를 준비해 아이들에게 가르친다.

공과 시간은 단순히 교사가 전달하는 식의 교육이 아니라 아이들과 함께 활동할 수 있도록 구성되어 있다. 그래서 공과 시간에는 반드시 활동 자료가 함께 배부된다. 설교 시간에 들었던 말씀을 교사를 통해 다시 배우고, 아이들이 직접 활동함으로 좀 더 재미있고 신나게 말씀을 기억하게 한다.

유치2부의 경우 매월 마지막 주에 복습 게임을 실시한다. 매 주일 설교 시간에 배운 내용을 가지고 문제를 출제해 게임을 진행한다. 복습 게임 전담 교사가 매번 다른 형식으로 준비해 진행한다. 아이들은 이 시간을 매우 기대하고 기다린다. 복습 게임은 아이들이 재미있게 말씀을 기억하고, 매 예배를 집중해서 드리게 하는 동기 부여가 되고 있다.

자료 2

복습 게임의 예

5세
1. 하나님은 노아에게 무엇을 만들라고 하셨나요? 배
2. 아브라함의 종들과 롯의 종들이 땅이 좁아서 서로 싸웠어요. ○

6세
1. 에녹은 하나님과 몇 년을 동행했나요? 300년
2. 다음 말씀에서 괄호를 채워 보세요. "여호와께서 아브람에게 이르시되 너는 (눈을 들어) 너 있는 곳에서 북쪽과 남쪽 그리고 동쪽과 서쪽을 바라보라" (창 13:14).

7세
1. 므두셀라는 몇 살까지 살았나요? 969세
2. 에녹은 누구의 후손인가요? 셋

* 매월 설교와 공과 공부를 통해 배운 내용을 마지막 주에 복습 게임을 통해 재미있게 기억하는 시간이다.

4. 슈퍼맨이 찾아가는, 특별한 심방

모든 부서가 심방을 하지만 영·유치부에는 특별한 심방이 있다. 유치1부의 경우, 아이들의 생일에 교역자가 슈퍼맨 복장으로 아이들의 집을 방문해 생일을 축하해 주고, 함께 기념사진을 찍고, 축복 기도를 해 주는 시간을 갖는다. 아이들은 이 시간을 손꼽아 기다린다.

사실 아이들의 집에 심방하기란 쉽지 않다. 요즘 젊은 부모들의 경우 집을 공개하는 것을 별로 좋아하지 않는다. 그러나 아이들의 생일을 맞이해 교회에서 축하해 주고 선물을 주는 것은 마다하지 않는다. 대부분 반기고 환영한다. 그리고 무엇보다 아이들이 매우 좋아한다.

한 아이는 자기 생일에 슈퍼맨이 와서 축하해 주었다며 어린이집에 가서 자랑했다고 한다. 그리고 그것을 부러워한 아이들이 교회에 전도되어 온 경우도 있었다. 또한 교회에 출석하지 않았던 부모가 생일 심방 때 아이가 좋아하는 모습을 보고 교회에 등록해 신앙생활을 시작한 경우도 있었다. 어떤 부모는 생일 심방에 감동을 받아, 군산에서 가장 유명한 블로그에 아이가 다니는 드림교회를 소개하고 자랑해 어머니들과 아이들이 전도되어 온 경우도 있었다.

유치2부의 경우, 교역자가 매주 결석자 전화 심방을 실시한다. 특별히 아픈 아이들을 중심으로 부모에게 연락하고, 2주 이상 빠진 아이들을 확인한 후 부모에게 전화로 안부를 묻고 출석을 독려하고 있다. 놀랍게도 많은 부모가 교역자가 직접 전화로 심방하면 감사하게 생각하고 아이들을 교회에 보내겠다고 약속한다. 실제로 전화 심방을 시작하기 이전에 비해 매주 20-30명 이상의 아이들이 더 출석하고 있다.

병원 심방을 통해서 오랫동안 나오지 않던 아이들이 다시 교회에 출석하는 경우도 종종 있다. 한 아이가 병원 심방을 받은 후 어머니에게 이렇게 말했다고 한다. "엄마! 내가 계속 교회에 안 나가서 하나님이 혼내시나 봐. 나 이제 교회 열심히 나갈 거야!" 그 후 빠지지 않고 열심히 교회에 나와 예배드리는 예배자가 되었다.

유치2부는 교역자가 반별 심방을 실시한다. 반 아이들이 교사와 단합대회를 할 때 교역자가 함께 참석해 아이들과 교제하고, 아이들의 얼굴과 이름을 익히는 시간을 가진다. 그리고 가정 심방을 원하는 아이들은 담임 교사와 교역자가 함께 심방해 아이와 교제하는 시간을 보낸다. 이 시간을 통해 아이들과 더 친밀해진다. 그래서 교회에서나 밖에서나 "우리 목사님이다!" 하고 반갑게 외치며 달려오는 아이들의 목소리를 듣게 된다.

5. 최대의 시너지를 내는, 가정 사역

주일 예배 한 번으로 아이들을 믿음으로 양육하기에는 부족함이 많다. 그래서 드림교회 영·유치부는 가정 사역을 함께 진행하고 있다.

첫째, 인터넷에 카페와 SNS를 개설해 부모들과 소통한다. 여기에는 주일 예배 영상 및 사진, 가정 심방 및 생일 심방 일정, 공과 영상 및 월별 챈트 등 각종 자료를 올려서 가정에서도 영·유치부 사역을 상세히 알 수 있도록 한다. 그리고 부모들이 직접 건의사항이나 필요한 내용을 올릴 수 있도록 해 적극적으로 소통하려고 한다.

둘째, 주일 예배 후 진행되는 공과가 가정으로 연결된다. 가정 학습지를 통해서 다시금 말씀을 공부하고 기억하는 시간을 가진다. 그리고 공과 시간에 만든 활동 자료를 집으로 가져가서 부모에게 보여 주고 아이들을 격려하도록 한다.

셋째, 매월 성경 읽기를 실시한다. 부모가 아이들에게 매일 성경을 한 장씩 읽어 줌으로 아이들이 날마다 말씀으로 자라도록 돕는다. 그리고 매월 첫째 주에는 성경 읽기를 완수한 아이들에게 반드시 시상을 해 아이들이 말씀 중심으로 자라나도록 격려한다.

6. 하나님의 마음을 품고 복음을 전하는, 전도 축제

드림교회 영·유치부에는 봄과 가을에 '해피네이'라는 전도 축제가 열린다. 이를 위해 교역자와 교사들이 수개월 전부터 계획을 세우고, 어떤 방향으로 진행할 것인지 논의한다. 그리고 방향이 정해지면 한 달 전부터 해피데이 전도와 특별새벽기도회(특새)를 시작한다. 아이들이 많이 다니는 병원과 어린이집, 아파트 근처를 돌며 아이들에게 초청장과 간단한 간식을 주며 전도를 실시한다. 그리고 교회 내에 있는 어린이집 원장님들과 선생님들을 통해 어린이집 아이들에게 해피데이 초청장과 간식을 전해 주며 교회로 초청한다.

요즘 전도가 쉽지 않다. 그래서 드림교회 영·유치부에서는 아이들이 좋아하는 캐릭터 옷을 구입해서 전도 현장에 나가는 교역자와 교사들이 함께 착용한 채 아이들에게 다가가고 있다. 그러면 아이들이 마음을 잘 열기 때문에 보다 쉽게 교회를 소개하고 초청장을 건넬 수 있다. 어떤 아이들은 캐릭터 복장을 한 교사들에게 같이 사진을 찍어 달라며 호감을 보이기도 한다. 그리고 많은 경우 부모들도 거부감 없이 교회에 대해 물어보고 아이들을 데리고 오겠다고 약속한다.

해피데이는 단순히 새 친구들을 전도하는 시간만은 아니다. 오랫동안 교회에 출석하지 않는 아이들(장기 결석자들)을 이 기간에 다시 심방하고 연락해 초청함으로 믿음을 회복시키는 일도 함께 진행하고 있다. 놀라운 것은 그 아이들이 해피데이를 통해 다시 교회에 출석할 뿐 아니라 새 친구를 데리고 교회에 나오곤 한다는 것이다. 이처럼 하나님의 놀라운 역사를 경험하며 교사들은 더 열심히 전도하고, 아이들을 심방하며 섬기는 일에 최선을 다한다.

특별히 해피데이를 두고 영·유치부에서는 한 달 전부터 기도 모임을 실시한다. 올해부터는 부서별로 특별새벽기도회를 실시하고 있다. 새벽 예배 후 교사들이 함께 모여 해피데이와 부서를 위해 기도하는 시간을 가진다. 이 시간을 통해 교사들은 다시금 영혼을 향한 하나님의 마음을 회복하고, 하나님 나라를 위해 달려 나가고자 헌신한다.

또한 해피데이를 두고 한 달간 릴레이 금식 기도가 진행된다. 교역자와 교사들은 금식하며 간절히 하나님께 간구하며 해피데이를 준비한다. 교역자는 매일 한 끼씩 금식하고, 마지막 주간에는 3일간 금식하며 해피데이를 준비한다. 이렇게 하나님의 은혜를 구하며 기도하고, 하나님의 마음을 품고 복음을 전하자 매년 300여 명의 새 친구들을 드림교회에 보내 주시는 놀라운 은혜를 경험하고 있다.

자료 3

해피데이 진행 순서

시간	소요 시간	세부 사항	담당자
10:50-11:10	20분	말씀 나눔 및 교사 기도회	교역자
11:10-11:30	20분	환영 및 예배 준비	안내 팀, 교사들
11:30-11:45	15분	경배와 찬양, 챈트	찬양 인도자, 챈트 팀
11:45-11:50	5분	예배송, 대표기도	다 함께, 학생
11:50-11:55	5분	큐맨	큐맨 팀
11:55-11:58	3분	어린이 찬양	성가대
11:58-12:13	15분	설교	교역자
12:13-12:20	7분	드라마, 헌금	드라마 팀, 담당자
12:20-12:25	5분	새가족 소개, 주기도문	교역자
12:25-12:45	20분	공과 공부, 특별 활동	반별 교사
12:45-12:50	5분	광고 및 정리	부장
12:50-13:10	20분	교사 모임 및 교사 기도회	교역자 및 전 교사

7. 한 영혼을 주님의 제자로 세워 나가는, 제자훈련

드림교회 영·유치부는 아이들의 신앙 성장을 위해 매년 1, 2학기 두 차례에 걸쳐서 제자훈련을 실시한다. 제자훈련을 원하는 아이들의 신청을 받아서 5주간의 커리큘럼으로 진행한다.

유치부는 국제제자훈련원에서 나온 유치부 제자훈련 교재로 제자훈련을 실시하고 있다. 그리고 여기에 교역자와 교사들이 추가적으로 보완해야 할 부분을 준비해서 제자훈련을 실시하고 있다. 예를 들어 성경 암송의 경우 챈트로 만들어 찬양으로 즐겁게 외울 수 있도록 하며, 제자훈련 마지막 시간에는 게임, 복습퀴즈 등으로 즐겁게 제자훈련에 참여할 수 있도록 많은 노력을 기울이고 있다.

제자훈련을 받는 아이들에게는 매주 숙제를 내준다. 기본적으로 성경 읽기와 성경 암송, 기도, 그리고 가정 예배 드리기 등이다. 또한 매일 하나씩 생활 숙제를 하고, 제자훈련과 관련된 어린이 신앙 도서를 한 권씩 읽도록 한다. 아직 글을 읽지 못하는 아이들은 부모들이 읽어 줄 수 있도록 조치하고 있다. 이로써 아이들이 신앙 훈련을 할 수 있도록 도와준다.

이때 부모들에게 숙제를 함께 내준다. 아이들이 제자훈련을 하는 동안 함께 성경을 읽고, 함께 말씀을 암송하고, 함께 예배해 믿음의 가정을 세워 나갈 수 있도록 돕고 있다.

자료 4

드림교회 유치부 제자훈련 커리큘럼

복음 학교 – 1차 교육 과정(상반기)		열매 학교 – 2차 교육 과정(하반기)	
제1과	하나님은 누구신가?	제1과	예배하며 살아요
제2과	예수님은 누구신가?	제2과	순종하며 살아요
제3과	성령님은 누구신가?	제3과	바른 말 하며 살아요
제4과	나는 누구인가?	제4과	전도하며 살아요
제5과	하나님과 만나려면?	제5과	사랑하며 살아요

자료 5

드림교회 유치부 제자훈련 경건 생활 점검표

평가 항목 날짜	성경 읽기	기도	생활 숙제	성경 암송	가정 예배	스티커 동화
주일 (/)						
월 (/)						
화 (/)						
수 (/)						
목 (/)						
금 (/)						
토 (/)						

주의 사항
* 아이들과 함께 스티커를 붙이면서 진행해 주세요.
* 성경 암송과 가정 예배, 스티커 동화는 진행한 날짜에 스티커를 붙여 주세요.
* 기도와 성경 읽기는 매일 진행해 주시고, 기도는 아침 기도와 저녁 기도가 있습니다.

 사실 제자훈련은 열심 있는 아이들이 받는 훈련이다. 그리고 열심 있는 부모가 아이들을 신앙으로 성장시키기 위해 신청한다. 그런데 간혹 교회에 잘 나오지 않는 아이의 부모들이 제자훈련 가정통신문을 보고 자기 자녀들을 신청하기도 한다. 그래서 자주 교회에 빠지던 아이들이 제자훈련을 통해 믿음이 자라나 교회에 열심히 출석하며 예배자가 되는 경험도 종종 하게 된다. 하나님이 제자훈련을 통해서 진정 한 영혼을 주님의 제자로 세워 나가시는 모습을 보며 하나님의 일하심에 감탄하곤 한다.

 제자훈련 과정을 모두 마치면 제자훈련을 수료한 아이들 및 담당 교사들과 MT를 한다. 다른 부서들처럼 1박 2일간 하면 좋겠지만 유치부 아이들은 아직 어려서 오후 시간을 할애해 아이들과 교제하는 시간을 가지고 있다. 아이들이 좋아하는 맛있는 메뉴로 점심을 먹고, 아이들이 좋아하는 키즈 카페나 어린이 놀이 공간을 방문해 즐거운 시간을 가진다. 이러한 교제 시간을 통해 교역자와 아이들은 더욱 친밀해지고 끈끈한 정이 생긴다. 제자훈련 과정을 마친 아이들은 교역자와 교사들의 동역자가 되어 각 반을 섬기고 있다.

> **자료 6**
>
> **제자훈련 간증 - 임도현(7세)**
> 매주 제자훈련을 통해 예수님을 더 알 수 있어서 좋았어요.
> 그리고 율동도 신나고 좋았어요.
> 말씀 암송이 좀 어려웠지만 외울 수 있어서 좋았어요.
> 목사님이 들려주신 말씀이 재미있어서 집중했어요.
> 그리고 제자훈련 MT 가기 전에 엄마 없이 가서 좀 떨렸지만
> 정말 재미있어서 안 갔으면 후회할 뻔했어요.
> 제자훈련 시간이 진짜 행복했어요.
> 2학기에도 또 신청할래요!

8. 끊임없이 교사를 깨우는, 교사 교육

1) 교사 심방

드림교회 교육부서는 교구와 동일한 개념으로 운영된다. 따라서 교

구를 맡은 전임 교역자가 책임을 가지고 사역하듯이, 드림교회는 모든 교역자가 전임 교역자로서 교육부서만 전담해 사역하고 있다. 드림교회 영·유치부는 1년에 두 차례씩 교사 대심방을 실시한다. 교회별로 교구 대심방은 많이 실시하지만, 교육부서에서 교사 대심방을 하는 경우는 거의 없을 것이다.

영·유치부에서는 매년 봄과 가을에 교사 대심방을 진행한다. 교역자와 부장이 동행해 각 가정이나 직장을 찾아가 교사들을 심방한다. 각 교사들의 형편에 맞게 말씀을 전하고, 기도 제목을 나누고, 교제하는 시간을 가진다. 교사들은 이 시간을 통해 많은 은혜와 도전과 위로를 받는다고 고백한다.

사실 부서별로 50명이 넘는 교사들의 사정과 형편을 교역자가 세세히 알기란 쉽지 않다. 그런데 대심방을 통해 교사들을 한 명씩 만나면 교사들의 상황이 어떠한지 알게 되고, 기도 제목을 들음으로 더 관심을 가지고 대하며 기도하게 된다. 그래서 교사 대심방은 교사들과 교역자가 서로 마음을 열고 함께 동역자로 세워지는 시간이다.

2) 교사 성경 공부

드림교회는 각 부서별로 담당 교역자가 교사 성경 공부를 진행한다. 유치2부의 경우, 매주 화요일 저녁과 수요일 오전에 성경 아카데미를 개설해 각 교사들이 시간에 맞춰 참석하도록 독려하고 있다. 사실 많은 교사가 성경에 대해 궁금증을 가지고 있고, 성경을 배우고 싶어 한다. 그리고 무엇보다 교회학교 교사들은 성경 교사들이다. 이들이 성경에 대해서 제대로 알지 못한다면 어떻게 아이들에게 말씀을 잘 가르칠 수 있겠는가.

이때 단순히 성경 공부 교재를 가지고 형식적인 성경 공부를 진행하지 않는다. 성경 본문에서 문맥을 파악하고, 역사적 배경을 함께 살펴봄으로 성경 본문이 말하고자 하는 메시지가 무엇인지 찾아가는 시간을 가진다. 그리고 말씀 앞에 각자의 삶이 어떠한지 살펴보며, 함께 고민하고, 토론하고, 기도하는 시간을 가진다. 감사하게도 교사들이 교사 성경 공부 시간을 매우 사모하고 기다리며 준비한다. 그리고 이 시간을 통해서 믿음이 자랐으며, 하나님 앞에서 어떻게 살아야 하는지 깨달았다고 고백한다.

이처럼 말씀에 대한 사모함과 열심을 가진 교사들로 인해 지금도 드림교회 영·유치부는 말씀으로 든든히 세워지고 있다.

3) 교사 기도회

드림교회 영·유치부를 지탱하는 중요한 원천은 바로 교사 기도회다. 매주 월요일 오전에 영아부 교사 기도회가, 매주 목요일과 금요일 저녁에 유치부 교사 기도회가 진행되고 있다.

특별히 14년 동안 한 차례도 빠지지 않고 월요일 오전 10시에 진행되는 영아부 월요 기도회는 남다르다. 수십 명의 교사들이 함께 모여 찬양하고, 말씀을 듣고, 부서와 교회와 나라와 민족을 위해 간절히 기도한다. 사실 월요일은 교역자들이 유일하게 휴식하는 날이다. 하지만 교역자들은 교사들이 가장 많이 모여 기도할 수 있는 시간인 월요일 오전을 반납하면서까지 함께 기도하는 일에 힘쓰고 있다. 그러하기에 교사들도 더욱더 열심을 내 기도회에 참석하며 부서를 섬기고 있다.

유치1, 2부는 목요일과 금요일 저녁에 교사 기도회를 진행하고 있다. 교사들 중 대다수가 직장인이기에 저녁 시간에 함께 모여 기도회를 가진다. 하루 종일 직장에서 피곤하게 일했음에도 불구하고 교사 기도회에 참석해 기도하는 교사들의 모습을 보고 있노라면 교역자로서 정말 감사하고 감격스럽다. 아이들을 맡길 수 없어서 데려온 교사들의 경우, 아이들과 함께 기도회에 참석해 찬양하고, 말씀을 경청하고, 말씀을 붙잡고 뜨겁게 기도한다. 이처럼 교사들의 뜨거운 기도로 인해 드림교회 영·유치부는 오늘도 든든히 세워지고 있다.

영·유치부를 담당하고 있는 교역자로서, 보육이 아닌 성경 중심의 교육이 절실함을 느끼며 예배자로서 한 영혼, 한 영혼을 세워 가고 있다. 하나님이 이러한 마음을 기뻐 받으셨는지, 해마다 수많은 새로운 영혼을 보내 주셨다. 그 열매로 영아부에서 유치부로 월반하는 인원이 80여 명, 유치부에서 유년부로 월반하는 인원이 100여 명 된다. 그리고 나면 또다시 영적 모판을 채우는 씨 뿌리기 작업이 시작된다. 영·유치부 사역자들은 하나님이 드림교회에 주신 꿈을 이루기 위해서 오늘도 달려 나가고 있다.

PART. 3

세상 속으로 전진하는 어린이부

유·초·소년부는 주의 나라를 위해
사명을 따르는 제자들의 양성소다

최 창 수 목사

● 어린이와 함께하는 시간을 가장 즐기며, 군산의 모든 어린이를 친구 삼아 사역하고 있다. 현재 드림교회에서 소년부와 영아부를 담당하면서 아이들과 재미있게 호흡하고 있다.

세종대학교 식품공학과(B.S)
총신대학교 신학대학원(M.div)
ccs0543@naver.com

드림교회 유년부와 초등부와 소년부의
성장 비결이 바로 여기에 있다.
드림교회 유·초·소 교사들은 아이들을 진심으로 사랑한다.
아이들을 사랑하기에 늘 아이들에게 필요한 것을 고민한다.
'어떻게 하면 아이들이 예배에 좀 더 집중할 수 있을까?',
'어떻게 하면 아이들의 신앙이 자랄까?',
'어떻게 하면 아이들이 교회에 오는 것을 재밌어 할까?'
고민하니 할 일이 떠오른다.
그렇게 떠오른 생각들을 지금까지 실천해 왔다.

1. 사랑하면 일한다

첫 사역지, 첫 수련회 때의 일이다. 어려서부터 자란 모교회에서 첫 사역을 시작했기에 사역 현장에서 느끼는 긴장감이 그리 크지 않았다. 대부분의 교사들도 청년 시절을 함께 보낸 형, 누나, 동생들이었고, 학생들도 이미 친한 아이들이었기 때문이다. 별 긴장감 없이 떠난 첫 겨울 수련회에 담임목사님이 격려차 방문하셨다. 목사님은 이것저것 살펴보시더니 필자에게 몇 가지 질문을 하셨다.

"애들 물은 어디서 먹니? 정수기는 챙겨 왔니?"

"샤워실에 뜨거운 물은 나오니? 세숫대야는 수량이 충분하니?"

"화장실에 휴지는 있니? 화장실 물은 잘 내려가니? 막힌 곳은 없니?"

"방석은 어디에 보관되어 있니? 비상약은 챙겨 왔니?"

목사님의 질문에 한마디도 대답하지 못했다. 그러자 목사님은 씨익 웃으며 말씀하셨다.

"창수야, 일 배우자!"

어떤 사람들은 교회 사역을 이야기할 때 '일'이라는 단어가 나오면 알레르기 반응을 일으킨다. 그들의 생각은 교회는 '사람' 중심이어야 한다는 것이다. 맞다. 당연히 교회는 사람을 먼저 생각해야 한다. 그러나 일도 잘해야 한다. 일을 잘해야 사람을 잘 챙길 수 있다. 다음과 같은 상황이 일어났다고 생각해 보자.

- 주일날, 비가 온다. 아이들은 당연히 우산을 쓰고 교회에 왔다. 그런데 교회에 우산꽂이가 비치되어 있지 않다. 아이들은 어디에 우산을 두어야 하는가?
- 한겨울, 주일 예배 시간이다. 아뿔싸! 교역자가 온풍기(혹은 보일러)를 틀어 놓는 것을 깜빡했다. 1부 예배를 드린 성도들은 예배 시간 내내 덜덜 떨어야 했다.
- 수련회장이다. 갑자기 한 아이가 열이 40도까지 오르더니 구토를 한다. 그런데 수련회 현장에 비상약은커녕 비상 차량도 없다.
- 여름성경학교를 떠났다. 초등학교 1학년 아이가 숙소 화장실에서 볼일을 봤는데 휴지가 없다. 아이는 어떻게 해야 하는가?

이 모든 상황은 사역자가 '일'을 제대로 하지 않았기 때문에 발생한 것이다. 생각해 보자. 사역자가 성도들의 형편을 좀 더 상세하게 살폈다면, 이러한 일들이 일어났을까? 예방할 수는 없었을까? '비가 오는데 아이들이 교회에 올 때 불편하지 않을까? 우산은 어디에 두지?', '우리 아이들이 수련회에 가서 재밌게 놀다가 혹시라도 아프면 어떻게 하지?' 등과 같은 생각을 한 번이라도 했다면, 얼마든지 예방이 가능했을 것이다.

'일'과 '사람'은 결코 서로 다른 개념이 아니다. 사람을 사랑한다면, 일도 열심히 해야 한다. 자신이 맡은 부서, 우리 아이들, 내 새끼들이 수련회에 가서 재밌게 놀고, 은혜받고 돌아올 수 있도록 하려면 그 부서의 책임자는 부단히 고민해야 한다. '빠진 것은 없나? 아이들에게 뭐가 더 필요할까?' 이런 고민을 하면 자연스럽게 할 일들이 떠오른다.

예수님이 안식일에 병자를 치유하시는 모습을 본 유대인들은 예수님을 박해했다. 이때 예수님이 정말 멋진 말을 하셨다. "내 아버지께서 이제까지 일하시니 나도 일한다"(요 5:17). 예수님은 사람을 사랑하시기에 일하셨다.

드림교회 유년부와 초등부와 소년부(이하 유·초·소)의 성장 비결이 바로 여기에 있다. 드림교회 유·초·소 교사들은 아이들을 진심으로 사랑한다. 아이들을 사랑하기에 늘 아이들에게 필요한 것을 고민한다. '어떻게 하면 아이들이 예배에 좀 더 집중할 수 있을까?', '어떻게 하면 아이들의 신앙이 자랄까?', '어떻게 하면 아이들이 교회에 오는 것을 재밌어 할까?' 고민하니 할 일이 떠오른다. 그렇게 떠오른 생각들을 지금까지 실천해 왔다. 많은 고민을 하기에 할 일이 많다. 하지만 그만큼 아이들은 자신들의 필요를 공급받는다. 아이들을 향한 사랑, 그로 인한 고민, 고민 끝에 떠오르는 일들을 실천한 것이 드림교회 유·초·소의 가장 큰 성장 비결이다.

지금부터 나눌 이야기는 아이들을 향한 드림교회 유·초·소 교사들의 고민의 흔적이다.

2. 철저히 아이들 눈높이에 맞는 예배를 디자인하라

1) 자연스런 예배의 흐름

아이들은 집중력이 짧다. 대표기도자가 실수로 마이크를 켜지 않고 기도하면, 그 찰나의 순간에 바로 눈을 뜨는 것이 아이들이다. 기도 후 반주자가 깜빡 잊고 후주를 하지 않으면 '뭐지?'라고 생각하며 두리번거리는 것이 아이들이다. 집중력이 짧은 아이들을 예배에 집중시키려면 모든 예배의 순서가 실수 없이 자연스럽게 이어져야 한다.

이를 위해 드림교회 유·초·소 각 부서에는 예배 팀이 따로 있다. 예배 팀은 예배만 고민하고 확인하는 팀이다. 찬양부터 축도까지 분 단위로 매주 예배 순서를 확인한다. 예배 진행에 문제가 생길 경우, 예배 팀이 책임지고 그 주간에 문제점을 해결한다.

자료 1

드림교회 소년부 2017년도 예배 순서

시간	내용	담당자
9:00-9:15	교사 기도회	담당 교역자
9:15-9:20	5분 카운트 영상	예배 팀장
9:20-9:45	은혜의 찬양	찬양단
9:45-9:47	대표기도	대표 학생
9:47-9:50	예배송	찬양단, 담당 교역자
9:50-10:10	설교	담당 교역자
10:10-10:11	헌금송, 헌금	헌금 위원
10:11-10:16	새 친구 소개, 헌금 기도, 축도	교역자
10:16-10:20	광고	부장
10:20-10:40	공과 공부	각반 담임 교사
10:40-11:00	교사 회의	교역자, 부장

매주 1분의 오차도 없을 수는 없다. 예상하지 못했던 실수가 나오기

도 한다. 한 번은 이런 일이 있었다. 유년부의 경우, 찬양 후 찬양 인도자의 인도에 따라 전체 아이들이 사도신경으로 신앙을 고백한다. 그런데 인도자가 자주 찬양 팀 아이 중에 한 명이 신앙고백을 인도하도록 마이크를 넘긴다. 이날 역시 한 친구에게 마이크를 넘겼다. 예상하지 못했던 일에 당황했던지 마이크를 받은 아이가 초반부터 말을 더듬거렸다. 그러다가 중간에 가서는 이렇게 말하고 말았다. "본디오 빌라도에게 전도(?)를 받으사 십자가에 못 박혀 죽으시고!" 순간 '헉!' 하며 눈이 떠졌다. 아니, 아무리 그래도 그렇지, 예수님이 빌라도의 전도를 받으셨다니!

이처럼 예상하지 못한 실수는 언제나 존재하므로 어찌할 수 없으나, 준비가 미흡해 일어나는 실수는 줄여야 하지 않을까? 집중력이 짧은 아이들을 예배에 집중시키려면 예배의 흐름이 자연스러워야 하고, 예배의 흐름을 자연스럽게 하기 위해서는 모든 순서를 세심하게 점검하는 노력이 필요하다.

2) 원 포인트(One Point) 교육

드림교회 유·초·소는 원 포인트(One Point) 교육을 한다. 설교와 공과를 연결해 한 주에 하나의 메시지만 전달한다. 어린이 예배에서 가장 우선돼야 할 것이 바로 설교와 공과를 연결하는 것이다. 설교 시간에는 삼손에 대해 배우고, 공과 시간에는 아브라함에 대해 배운다면? 설교 시간에는 말씀의 중요성에 대해 배우고, 공과 시간에는 전도하라고 배운다면? 과연 아이들이 여러 가지 메시지를 한 주간 기억할 수 있을까?

어른인 우리를 점검해 보자. 이번 주일 담임목사님이 설교하신 성경 본문은 어디였고, 제목은 무엇이었는가? 말씀의 내용은 무엇이었는가? 그 말씀을 붙잡고 한 주간을 살았는가? 이 질문들에 자신 있게 대답할 수 있는 사람이 과연 얼마나 될까? 한 주에 하나의 메시지를 기억하는 것이 어른에게조차 쉬운 일이 아닌데, 아이들에게 설교 따로, 공과 따로 메시지를 전한다면 과연 아이들이 기억할 수 있을까?

원 포인트 교육에는 두 가지 방법이 있다. 첫째, 이미 나와 있는 공과 콘텐츠에 설교를 맞추는 방법이다. 둘째, 설교자가 자신의 설교에 맞게 직접 공과를 만드는 방법이다. 드림교회 유·초·소는 후자의 방법으로 교육한다.

유년부의 경우, 예배 후 공과 전에 '복습 게임'을 진행한다. 복습 게임 담당 교사가 설교를 듣는 중에 다섯 문제를 출제해 예배 후 바로 게임을 진행한다. 문제는 설교 시간에 들은 내용을 복습할 수 있도록 출제하고, 난이도는 대부분의 아이들이 맞힐 수 있는 수준으로 쉽게 낸다. 이유는 게임의 목적이 복습이기 때문이다. 설교로 듣고, 게임으로 복습한 내용을 공과로 되새기니, 어떻게 메시지가 기억에 새겨지지 않을 수 있겠는가! 너무 많은 것을 전달하기보다는 하나의 메시지를 제대로 심어 주자!

3) 설교자의 안전장치

아이들은 주일 예배 시간에 들은 한 편의 설교로 한 주간을 살아간다. 따라서 설교를 준비하는 설교자는 최선을 다해 설교를 준비해야 한다.

간혹 어떤 설교자는 토요일 저녁이 되어서야 부랴부랴 설교를 준비한다. 물론 주중에 감당해야 할 사역이 많기 때문일 수도 있지만, 어찌 되었든 변명에 불과하다. 설교자에게는 한 주간 본문을 깊이 묵상하고 성실하게 설교를 준비해야 할 책임이 있다.

드림교회에는 설교자가 이런 실수를 범하지 않도록 하기 위한 안전장치가 있다. 매주 예배 후 교사 회의 시간에 담당 교역자가 교사들에게 다음 주 설교의 본문과 제목, 대강의 내용을 전달한다. 근본적인 이유는 교사들이 다음 주 공과를 미리 준비하도록 하기 위함이지만, 이 시스템은 교역자에게 긍정적인 긴장감을 준다. 다음 주 설교를 최소 한 주 전에는 구상해야 하기 때문이다.

특히 소년부는 매월 설교의 주제를 정하고, 매주 주제와 관련된 설교를 한다. 그리고 매월 첫째 주에 설교 주제 제시 영상과 함께 한 달 동안의 설교 제목을 공개한다. 예를 들어, 2017년 3월의 설교 주제는 "성경에 대해, 무엇이든 물어보세요"였다. 아이들에게 성경에 대해 궁금한 것을 직접 물어 한 달의 설교를 구상했다. 4주간의 설교 제목은 "야동 봐도 천국에 갈 수 있나요?", "세종대왕은 지옥에 갔나요?", "교회에 다니면 무조건 천국 가나요?", "동성애를 어떻게 봐야 하나요?"였다. 매월 주제를 정하고, 최소 한 달 전에 설교를 구상해야 하니, 설교자에게는 부담이 되는 것이 사실이지만 급히 설교를 준비하는 일은 있을 수가 없다.

최근 슬로우푸드(slow food)가 유행이다. 빨리 만들어지는 패스트푸드(fast food)는 편리하고 맛있을 수는 있지만, 건강에는 좋지 않다. 그러나 슬로우푸드는 만들어지기까지 시간이 많이 걸리기는 해도, 건강에 유익하다. 설교 역시 마찬가지다. 급하게, 시간에 쫓겨 토요일 저녁에 후다닥 준비해서 전하는 패스트푸드 설교와 오랜 시간 성경 본문을 묵상하고 연구해 아이들의 눈높이에 맞춰 전하는 슬로우푸드 설교는 큰 차이가 있을 수밖에 없다.

우리 아이들에게 어떤 영의 양식을 먹일 것인가? 설교자가 조금만 더 성실해진다면, 아이들에게 더욱 영양 넘치는 영의 양식을 공급할 수 있지 않을까?

4) 다양한 2부 순서

드림교회 유·초·소에는 다양한 2부 순서가 있다. 공과 시간을 활용해 '성경 골든벨', '대그룹 레크리에이션', '코너 학습' 등 여러 활동이 진행된다. '코너 학습'은 유년부에서 매월 마지막 주에 진행되는 프로그램이다. '호떡 만들기', '수박화채 만들기', '성경 구연', '클레이 아트', '과학 실험', '팬시 우드', '딱지치기' 등의 코너를 만들어 아이들이 다양한 체험을 할 수 있도록 한다. 공과를 통해 말씀을 되새기는 것도 중요하지만, 그리스도 안에서 성도의 교제가 얼마나 기쁘고 즐거운지도 가르쳐 주려고 노력하고 있다.

3. 전도, 아이들이 움직이도록 하라

교회학교 전도에는 상시 전도와 집중 전도가 있다. 상시 전도란 시간을 정해 놓고 정기적으로 하는 전도를 말한다. 한편 집중 전도란 흔히 '해피데이', '프렌즈 데이', '친구 초청 페스티벌'과 같은 명칭 아래 진행되는 전도 축제를 말한다. 전도 축제는 먼저 날짜를 정하고, 집중적으로 전략을 가지고 전도해 전도 축제 당일에 많은 친구가 교회에 오도록 하는 프로그램이다.

드림교회 유·초·소는 매년 해피데이를 진행한다. 해피데이를 통해 매년 각 부서에 60명 이상의 아이들이 전도된다. 그런데 과연 아이들이 전도할 수 있을까? 아이들을 전도하게 할 수 있을까? 할 수 있다. 어린이라서 더 잘한다.

이런 일이 있었다. 하루는 유년부 1학년 아이가 부모님과 함께 마트에 갔다. 그곳에서 자기처럼 부모님을 따라 장을 보러 온 또래 아이를 만났다. 유년부 아이는 또래 아이에게 다가가서는 대뜸 이렇게 말했다. "너 이름이 뭐야? 교회 다니니? 나랑 같이 우리 교회 가 볼래?" 당돌한 아이의 말에 부모님은 당황했다. 마침 또래 아이는 동네에 이사 온 지 얼마 되지 않아 다닐 교회를 찾고 있는 중이었다고 했다. 돌아오는 주일에 꼭 교회에 오겠다는 약속을 받고 헤어졌다.

이번에는 초등부 3학년 학생의 이야기다. 개학 날, 학교에 갔다가 집으로 온 아이가 갑자기 메모지에 구불구불 선을 그어 가며 그림을 그리기 시작했다. 그러고는 엄마에게 "엄마! 이렇게 만들어 줄 수 있어?"라고 말했다. 아이가 그린 그림은 '전도 표'였다. 자신이 직접 만든 전도표에 반 친구들의 이름을 한 명, 한 명 적어 가며 전도하기로 계획했던 것이다.

유년부 2학년 학생이 엄마에게 질문했다. "엄마는 전도하고 있어?" 갑작스러운 질문에 당황한 엄마는 "아, 아니…. 엄마도 하려고는 하는데, 쉽지 않네"라고 답했다. 그 말을 들은 아이가 엄마에게 이렇게 말했다. "아니야, 엄마! 전도는 쉬운 거야! 그냥 교회에 '와 보라'라고 하면 돼. 목사님이 전도는 쉬운 거라고 했어!"

'아이들이 전도할 수 있을까?'라는 의심은 품지 말자. 아이들은 말씀을 들으면 들은 대로 실천한다. 어린이라서 더 잘한다.

지금부터 드림교회 유·초·소가 어떻게 전도 축제를 기획하고 진행하는지, 노하우를 나누겠다.

1) 좋은 날짜를 선정하라

전도 축제를 기획할 때 가장 중요하게 고려해야 하는 것이 무엇일까? 전도 축제는 시간, 돈, 에너지가 많이 투자되는 행사다. 만약 열심히 잔치를 준비했는데 손님이 오지 않는다면, 그것처럼 허탈한 일이 없을 것이다. 따라서 철저하게 기획해 축제날이 축제답도록 해야 한다.

전도 축제 기획에서 가장 중요한 것은 날짜 선정이다. 전도 축제를 하기에 좋은 날짜가 있고, 좋지 않은 날짜가 있다. 좋지 않은 날짜는 다음과 같다.

첫째, 학기 초다. 아이들이 반 친구들과 친해질 때까지 충분한 시간을 주어야 한다. 관계가 형성되지 않고는 전도할 수 없다. 특히 1학기의 경우 더 주의해서 날짜를 잡아야 한다. 아이들은 보통 3월에 새 학기를 시작한다. 만약 전도 축제를 3월 중순으로 잡는다면, 아이들이 아무리 노력해도 전도하기 어려울 것이다.

둘째, 벚꽃 축제, 단풍 축제 기간이다. 벚꽃이 만개하고, 단풍이 아름답게 물드는 시기에는 주일 예배를 빠지고 가족 여행을 가는 아이들이 많다. 기존 아이들도 빠지는 기간에 전도 축제를 진행한다면, 아무리 좋은 프로그램을 준비했다 하더라도 아이들이 많이 올 수 없다.

셋째, 연휴 기간이다. 특히 금요일이나 월요일이 공휴일인 주간은 반드시 피해야 한다.

넷째, 도시 차원의 행사 날이다. 예를 들어, 군산은 매년 4월 중순에 마라톤 대회가 있다. 주일에 대회를 하는데, 마라톤으로 인해 도로가 통제되어 교회에 오고 싶어도 올 수 없는 상황이 벌어진다. 그래서 드림교회 유·초·소는 전도 축제 날짜를 정하기 전에 반드시 시청에 전화해서 마라톤 일정을 확인한다.

2) 타깃형 전도를 하라

많은 교회가 뿌리기식 전도를 한다. 뿌리기식 전도란 지나가는 아이들에게 선물을 주고 교회를 소개하는 전도 방법이다. 귀하고 값진 일이다. 그러나 전도 축제라는 목표를 가지고 있을 때는 다른 방법으로 전도해야 한다. 오늘날은 뿌리기식 전도로는 열매를 거두기가 쉽지 않다.

드림교회 유·초·소는 타깃형 전도를 한다. 지나가는 모든 아이에게 선물을 나누어 주지 않는다. 우리 부서 아이들이 전도하기로 작정한 친구들에게만 선물을 준다. 방법은 간단하다.

첫째, 전도 전날 담임 교사가 반 아이에게 미리 공지한다.

"내일 목사님이랑 선생님들이 학교 앞으로 가실 거야. 전도할 친구 데리고 목사님을 꼭 만나!"

둘째, 다음 날 약속된 시간에 약속된 장소에서 아이들을 만난다. 우리 부서 아이가 작정해서 데리고 나온 친구에게 전도 축제 날짜와 프로그램을 소개하고, 선물을 준다. 전도에 책정된 예산이 같을 때 뿌리기식 전도를 하면서 막대 사탕을 준다면, 타깃형 전도를 하면서는 과자나 아이스크림을 줄 수 있다.

셋째, 그다음 주에 같은 시간, 같은 장소에서 작정자를 다시 만난다. 아이들을 이런 식으로 3회 이상 만나면, 작정자의 얼굴과 이름을 익힐 수 있다. 이렇게 관계가 형성되면, 전도 축제 당일 날, 교회에 처음 나오는 아이들이 쭈뼛쭈뼛하지 않고 큰 목소리로 "목사님! 저 왔어요!"라고 말하며 예배실로 들어온다.

3) 등굣길 전도도 있다

요즘 학교 앞 전도가 쉽지 않다. 전도는 대부분 하교 시간에 이루어지는데 하교 시간이 학교마다, 학년마다, 요일마다 제각각이다. 뿐만 아니라 요즘은 대부분의 아이들이 방과 후 수업을 받기 때문에 수업 후 바로 방과 후 교실로 이동한다. 하지만 등교 시간은 동일하다. 전 학년이 동일한 시간에 등교한다.

등굣길 전도 방법에는 여러 가지가 있을 수 있다. 전도지에 간단한 간식을 붙여서 아이들에게 나누어 줄 수도 있고, 우리 교회 아이들에게 전도 용품을 전달해 전도할 친구에게 전하도록 할 수도 있다.

한 번은 부서에서 앵그리버드 인형 탈을 구매해 등굣길에 입고 학교 앞에 나갔다. "너희들이 교회에 안 나와서 화! 가! 난! 다!"라고 외치며 전도했더니, 아이들이 깔깔 웃으며 정말 좋아했다.

하굣길이 안 되면 등굣길, 전도에 호응이 없으면 인형 탈을 써서라도! 방법은 다양하다. 열정을 갖고 기도하면서 지혜를 구하면, 하나님이 길을 열어 주신다.

4) 전도 현장에서 어떻게 대화할 것인가?

전도에도 대화법이 있다. 필자는 우리 교회 친구들을 세워 주는 대화를 많이 한다.

"안녕! 나는 ㅇㅇ가 다니는 드림교회 목사님이야. 우리 ㅇㅇ가 너를 전도하고 싶다고 해서, 선물 주려고 온 거야!"

대화하는 내내 우리 교회 아이 이름을 말한다. "우리 ㅇㅇ가", "우리 ㅇㅇ가", "우리 ㅇㅇ가."

이런 대화를 하는 이유는 선도에 힘쓰고 있는 우리 아이들을 격려하기 위함이다. 사실 전도 대상자는 교회에 올 확률보다 오지 않을 확률이 훨씬 높다. 반면에 전도에 힘쓰고 있는 우리 교회 아이들은 앞으로 5명, 10명, 20명도 전도할 가능성이 있는 아이들이다. 전도에 힘쓰고 있는 아이들을 격려함으로써 더욱 힘이 나게 해주는 것이다.

전도를 마치고 아이들을 돌려보내면, 우리 아이들의 어깨에 한껏 뽕이 들어가 있음을 느낄 수 있다. '너, 나 덕분에 선물 받은 거 알지?'라는 생각을 하는 것 같다. 전도에 힘쓰는 기특한 우리 아이들, 칭찬과 격려로 어깨에 뽕 좀 넣어 주자!

5) 어떻게 동기 부여를 할 것인가?

가장 효과적인 전도는 관계 전도다. 교사가 학교 앞에 나가서 아무리 선물을 나눠 주어도 교회로 연결되는 아이들은 극히 적다. 교회를 알리고 홍보하는 차원에서는 의미가 있지만, 실제로 출석으로 이어지기는 어렵다. 아이들을 교회에 오도록 하기 위해서는 우리 부서 아이들이 전도해야 한다. 따라서 전도 축제를 기획할 때는 '우리 부서 아이들에게 어떻게 동기 부여를 할 것인가?'에 대해 고민해야 한다.

2017년 소년부는 대통령 선거에서 아이디어를 얻어 '선거 유세' 콘셉트로 아이들에게 동기 부여를 했다. 담당 교역자 및 교사 5명이 후보로 등록해 각각 공약을 걸었다. "전도를 하면, ○○○을 하겠다"라는 방식이었다. 선거 유세도 했는데, 각 후보 간 경쟁이 얼마나 치열했던지, 서로 배꼽을 잡고 웃었다. 각 후보의 공약은 다음과 같다.

자료 2

2017년 전도 동기 부여를 위한 공약 사례

후보자	당명	공약
기호 1번 ○○○ 목사	다이어트했당	축구, 치킨
기호 2번 ○○○ 부장	광고당	노래방, 분식
기호 3번 ○○○ 교사	권사당	미군기지 탐방
기호 4번 ○○○ 교사	막커쓰당	맛집 투어
기호 5번 ○○○ 부감	깐깐이당	방방장, 뷔페

"전도 열심히 하자"라고 말하면, 아이들은 "뭐 줄 건데요?"라고 묻는다. 늘 고민이다. 교회 재정으로 줄 수 있는 선물에는 한계가 있고, 줄 수 있다고 해도 큰 선물을 주는 것은 교육적으로 좋지 않은 것 같다. 그래서 이번에는 교역자와 교사가 헌신하기로 했다. 각자 헌신해 아이들에게 물질적인 것이 아니라 함께하는 시간을 선물하기로 했다. 목사는 아이들과 축구를 했고, 부장은 아이들과 노래방에 다녀왔다. 아이들에게도, 교사들에게도 의미 있고 특별한 시간이었다.

전도 축제의 승패는 아이들이 얼마나 움직이느냐에 달려 있다. 교사들은 열심히 뛰는데 아이들은 관심이 없다면 축제가 잘 준비되고 있는지 고민해 봐야 한다. 방법은 매년 다르다. 매년 고민한다. '어떻게 전도에 대한 동기 부여를 할 것인가?' 아이들의 마음을 움직일 수 있는 전략과 아이디어를 고민해야 한다.

6) 부모의 협력을 이끌어 내라

초등학교 아이들은 부모의 허락이 있어야만 교회에 올 수 있다. 학년이 낮을수록 더욱 그렇다. 아이들끼리 교회에 오기로 약속을 했더라도, 부모님이 허락해 주지 않으면 그 친구는 올 수가 없다.

그래서 드림교회 유·초·소는 전도 축제 시 반드시 '부모 미션'을 준다. 아이들이 전도하기로 작정한 아이들을 집으로 초대해 파티를 열어 주는 것이다. 파티는 아이 스스로 열 수 없다. 부모가 간단한 다과라도 준비해 주어야 한다. 자연스럽게 부모 숙제가 되는 것이다. 물론 전체 부모가 다 미션에 동참하지는 않지만, 미션을 수행한 부모의 아이는

90% 이상이 전도를 한다. '부모 미션'에 앞서 부모님들께 협조를 구하는 장문의 문자를 보낸다.

자료 3

존경하는 초등부 부모님께!

안녕하세요. 초등부 담당 ○○○ 목사입니다.
부모님께 부탁의 말씀을 드리고자 문자를 보냅니다.

초등부는 지난 1, 2월, 아이들에게 기도와 말씀 미션을 주었습니다.
한 달 동안 빠지지 않고 미션을 수행한 아이들이 있는가 하면,
그렇지 못한 아이들도 있습니다.
그러나 사실 한 번도 빠지지 않은 것보다 더 중요한 것은
아이들이 기도와 말씀, 경건 생활을 실천하려고 노력했다는 사실입니다.

미션을 실천하려고 끝까지 노력한 아이들을 보면,
분명히 그 뒤에 부모님의 열심이 있었습니다.
아이들 스스로 매일 기도하고 말씀을 읽는다는 것은 어려운 일입니다.
그래서 성경은 자녀의 신앙 교육의 책임이 부모에게 있다고 말합니다(신 6:6-9).
초등부에서 매월 성경 읽기표와 기도 체크 표를 나눠 드릴 수도 있습니다.
그러나 이제는 부모님께 배턴을 넘겨 드리려고 합니다.
아이의 신앙 교육의 책임은 부모에게 있기 때문이죠.

무엇을 가르쳐야 하는지는 이미 알고 계신다고 믿습니다. 말씀과 기도입니다.
말씀은 써도 좋고, 읽어도 좋으며, 암송해도 좋습니다.
기도는 1분도 좋고, 5분도 좋고, 10분도 좋으며,
무릎을 꿇어도 좋고, 꿇지 않아도 좋습니다.
일어나자마자 해도 좋으며, 잠들기 전 침대에 누워서 해도 괜찮습니다.
방법은 중요하지 않습니다. 중요한 것은 말씀과 기도를 생활화하는 것입니다.

바쁜 일상 가운데 아이들의 신앙까지 챙기기란 쉽지 않습니다.
그러나 자녀를 신앙 안에서 교육하는 것이 부모의 사명입니다.
용기를 내시고 끈기 있게 아이들을 가르쳐 주십시오.

> 훗날 우리 아이들이 어른이 되었을 때는
> 지금보다는 좀 더 멋진 기독교의 모습이 되어야 하지 않겠습니까?
> 우리보다는 좀 더 멋진 어른들이 되어야 하지 않겠습니까?
>
> 어려서 어린이입니다. 일일이 가르치고 챙겨 주어야 합니다.
> 하나하나 차근차근 신앙에 대해 가르쳐 주십시오.
> 또 가장 좋은 것은 부모님이 삶으로 보여 주시는 것입니다.
> 부모님을 통해 우리 초등부 아이들이 믿음 안에서
> 더욱 든든히 서 가기를 기대합니다.
>
> 3월 미션은 전도입니다. 역시 아이들 스스로는 할 수 없는 미션입니다.
> 많이 도와주시고, 함께해 주시기를 부탁드립니다.
> 초등부는 언제나 부모님을 응원합니다.
> 3월 한 달도 주님이 주시는 능력으로 사시기를 축복합니다.
>
> ○○○ 목사 드림

7) 정착 방법

새 친구가 교회에 한 번 오는 것도 힘든데, 두 번, 세 번 오는 것은 더 어려운 일이다. '한 번만 가야지!' 하는 마음으로 교회에 오는 친구들이 많고, 부모 역시 '특별한 날이라고 하니까 한 번만 보내야지!'라는 마음으로 보내 주기 때문에, 새 친구를 그다음 주에도 오게 하기란 쉬운 일이 아니다.

앞서도 말했지만, 그래서 날짜 선정이 중요하다. 드림교회 유·초·소는 전도 축제를 어린이주일 전 주에 진행한다. 전도 축제 날 교회에 온 새 친구들에게 "다음 주는 어린이주일이야. 다음 주에는 선물도 주고, 콜팝도 먹을 거야!"라고 광고하면, 다음 주에 대해 기대감을 갖는다. 그리고 주중에 부모님을 심방한다. 이처럼 전도 축제에 이어지는 이벤트를 준비한다면, 새 친구들을 교회에 두 번, 세 번 오게 할 수 있다. 교회에 두 번, 세 번 온 친구는 한 번 온 친구보다 정착률이 훨씬 높다.

8) 추수할 일꾼들을 보내 주소서!

교회마다 부서의 상황이 다르다. 어느 교회는 규모가 크고, 어느 교회는 작다. 어느 교회는 교사들이 헌신적이고, 어느 교회는 그렇지 않다. 감사하게도, 드림교회 유·초·소에는 헌신된 교사들이 많다. 사역할 때 교사들이 참 많은 힘이 된다.

한번은 이런 일이 있었다. 개학 날, 아이들을 만나고 싶어 교사들에게 "아이들 등굣길에 전도하러 갑시다!"라고 했다. 즉흥적인 결정이었다. 의견만 냈을 뿐인데, 전도 용품 준비부터 모든 것을 교사들이 다 알아서 진행했다. 전도 현장에도 많이 나와 주었다. 힘이 되는 동역자들이 많다는 것은 은혜다.

그러나 이 글을 읽는 모두가 이와 같은 상황은 아닐 것이라 생각되어 과거 경험을 나누고자 한다. 이전 교회에서 사역할 때의 일이다. 학생 25명에, 교사 10명 규모의 부서를 섬겼다. 한번은 등굣길 전도를 나가자고 했더니, 나갈 수 있는 교사가 전혀 없었다. 그분들이 헌신되지 못한 교사들이었기 때문이 아니다. 집이 멀었고, 출근해야 했고, 학교에 가야 했다. 할 수 없이 '혼자 나가자!' 생각하고는 집으로 돌아가는 길에 전도 용품을 사고, 라벨지에 전도지 작업을 해서 붙였다. 생각보다 꽤 오랜 시간이 걸렸다.

다음 날, 학교에 나갔다. 혼자 나가니 어찌나 긴장되던지! 그럼에도 열심히 외치며 전도를 했는데, 저기 멀리서 한 분이 필자를 향해 손을 흔드셨다. 활짝 미소를 지으시며 말이다. 교사 중 한 분이 함께 전도하기 위해 나오신 것이었다. 할렐루야! 젊은 전도사 혼자 전도할 것 같아 안쓰러운 마음에 나와 주신 것이었다. 직장에 늦어 혼날 각오를 하시면서 말이다. 어찌나 감동이 되던지! 힘을 얻어 함께 즐겁게 전도를 마쳤던 기억이 있다.

물고기를 많이 낚으려면 물고기가 많은 곳으로 가야 하듯, 학생들을 많이 전도하기 위해서는 학교로 가야 한다. 학교를 포기해서는 안 된다. 환경을 탓하지 말고, 외로워도 슬퍼도, 혼자서라도 나가자. 그리고 주님이 우리에게 가르쳐 주신 기도를 하자.

"이르시되 추수할 것은 많되 일꾼이 적으니 그러므로 추수하는 주인에게 청하여 추수할 일꾼들을 보내 주소서 하라"(눅 10:2).

3. 어린이를 제자화하라

사역자는 교사들과 부모들에게 신뢰를 얻어야 한다. 신뢰를 얻기 위해서는 어떤 사역이든 철저하게 계획을 짜서 진행해야 한다. 주먹구구식으로 그때그때 해치우려는 마음으로 사역을 진행해서는 안 된다. 제자훈련도 마찬가지다. 철저한 계획을 가지고 진행해야 교사는 물론, 부모로부터 신뢰를 얻는 사역이 될 수 있다.

이전 사역지에서 있었던 일이다. 제자훈련을 하겠다고 하자 교사들이 반대했다. 이유를 물으니, 이전 사역자가 제자훈련을 시작해 놓고는 아이들이 잘 따라 주지 않는다며 훈련을 마친 것도 아니고, 안 마친 것도 아닌 상태로 사역지를 옮겼기 때문이라고 했다. 그래서 교사들과 부모들에게 제자훈련을 다시 시작한다고 말하자니 우스워질 것 같다고 했다. 어찌나 반대가 심했던지, 일일이 개인적으로 만나서 설득을 해야 할 정도였다.

우리 모두가 이런 실수를 하기 쉽다. 열정을 가지고 시작했는데, 철저한 계획이 없었기 때문에 중간에 흐지부지되는 것이다. 훈련을 언제 시작해서 언제 마칠 것인지, 몇 주간 진행할 것인지, 하반기(혹은 내년)에는 어떻게 할 것인지, 인원 제한은 어떻게 할 것인지, 인원이 지나치게 적어도 진행할 것인지 고민해야 한다. 이런 기본적인 고민 없이 사역을 시작했다가 중간에 자신의 생각과 맞지 않으면 이내 열정이 식어 용두사미식으로 끝내서는 안 된다.

1) 제자훈련 계획 시 고려해야 할 5가지

제자훈련을 계획할 때는 5가지를 고려해야 한다.

- 방향성
- 커리큘럼
- 과제
- MT
- 인원

첫째, 방향성이다. 드림교회 유·초·소 제자훈련은 부서별로 방향성이 있다. 유년부의 방향성은 '활동을 통한 교육'이다. 놀이를 좋아하는 저학년 아이들의 특성에 맞춰 훈련 시간에 활동을 많이 한다. 의미 없이 놀기만 하는 것이 아니라, 활동을 통해 메시지를 새기는 방식으로 제자훈련을 진행한다. 초등부의 방향성은 '경건 훈련의 습관화'다. 초등부는 매일 말씀을 읽고 기도하는 훈련을 하는 데 집중한다. 소년부의 방향성은 '교리 교육'이다. 청소년부에 올라가기 전에 신앙의 뼈대를 다 지도록 하는 데 목적이 있다. 이렇듯 드림교회 유·초·소는 각 부서별로 방향성을 가지고 제자훈련을 진행한다.

둘째, 커리큘럼이다. 방향성을 정했으면, 그에 맞는 커리큘럼을 짜야 한다. 커리큘럼이라고 해서 대단한 것이 아니다. 제자훈련을 계획할 때 가장 먼저 고민하는 것은 교재다. '어떤 교재로 하지?' 그리고 다음 제자훈련을 준비하면서 다시 고민한다. '이번에는 어떤 교재로 하지? 이걸로 할까? 저걸로 할까?' 그 고민을 미리 하면 커리큘럼이 되는 것이다.

드림교회 유·초·소 제자훈련은 부서별로 4단계로 구성되어 있다. 그리고 각 단계별 교재가 미리 선정되어 있다. 유년부의 경우, 제자훈련의 방향성이 '활동을 통한 교육'인데, 현재까지 출판된 제자훈련 교재 중 유년부 아이들이 활동을 통해 교육할 수 있는 교재가 마땅하지가 않아 고민 끝에 여름성경학교 교재를 활용하기로 했다. 많은 어린이 사역 단체에서 여름성경학교 기간이면 재미있는 활동을 통해 성경을 배울 수 있는 많은 교재를 쏟아 낸다. 성경학교 교재를 잘 활용하면 좋은 제자훈련 교재로 쓸 수 있다.

자료 4

유년부 제자훈련 커리큘럼

1단계 『어린이 제자훈련 꿈마루』 1-5과, 파이디온)		2단계 『어린이 제자훈련 꿈마루』 6-10과, 파이디온)	
주차	내용	주차	내용
1	예수님은 나의 구원자예요	1	하나님이 말씀하세요
2	나는 하나님의 자녀예요	2	하나님께 이야기해요
3	죄를 멀리해요	3	하나님을 찬양해요
4	나를 부르셨어요	4	매일 하나님을 예배해요
5	예수님을 따라가요	5	날마다 하나님과 함께 걸어요
6	야외 학습	6	야외 학습
3단계 (『파이디온 2015 여름 VBS』)		4단계 (『파이디온 2014 여름 VBS』)	
주차	내용	주차	내용
1	하나님의 군사예요	1	하나님의 백성이에요
2	믿음으로만 승리해요	2	하나님의 말씀을 기준 삼으라!
3	날마다 승리해요	3	하나님의 친구예요
4	하나님만 선택해요	4	하나님의 인도하심을 받아요!
5	성경 골든 벨 & 관련 영상 시청	5	성경 골든 벨 & 관련 영상 시청
6	야외 학습	6	야외 학습

자료 5

초등부 제자훈련 커리큘럼

1단계 (『어린이 양육 훈련』, 디모데)		2단계 (『어린이 봉사 훈련』, 디모데)	
주차	내용	주차	내용
1	한눈에 보기	1	한눈에 보기
2	아름답고 귀한 말씀	2	하나님을 예배해요
3	이렇게 기도해요	3	교회를 세워요
4	하나님을 자랑해요	4	이웃을 섬겨요
5	하나님께 드려요	5	자연을 다스려요
6	MT, 너희가 서로 사랑하면	6	MT, 나를 드려요

3단계 (『말씀 학교』, 국제제자훈련원)		4단계 (『기도 학교』, 국제제자훈련원)	
주차	내용	주차	내용
1	하나님의 자녀가 되었어요	1	저도 기도할래요
2	하나님을 매일 만나요	2	바르게 기도할래요
3	설교 말씀을 실천해요	3	응답 받는 기도할래요
4	큐티! 나도 할 수 있어요	4	힘들어도 기도할래요
5	말씀이 나를 변화시켜요	5	항상 찬양할래요
6	MT, 요절 말씀은 나에게 유익해요	6	MT, 춤추며 찬양할래요

자료 6

소년부 제자훈련 커리큘럼

1단계 (『십대를 위한 소요리 성경공부 1권』, 1-5과, 생명의말씀사)		2단계 (『십대를 위한 소요리 성경공부 1권』, 6-10과, 생명의말씀사)	
주차	내용	주차	내용
1	인간의 목적	1	은혜 언약
2	성경, 하나님의 말씀	2	예수님의 삼중 직분
3	삼위일체 하나님	3	하나님의 선물, 구원
4	창조주 하나님	4	하나님의 자녀다운 삶
5	행위 언약	5	죽음과 부활
6	1박 2일 MT	6	1박 2일 MT
3단계 (『십대를 위한 소요리 성경공부 2권』, 1-5과, 생명의말씀사)		4단계 (『십대를 위한 소요리 성경공부 2권』, 6-10과, 생명의말씀사)	
주차	내용	주차	내용
1	십계명 - 1, 2계명	1	회개와 믿음
2	십계명 - 3, 4계명	2	말씀과 성례
3	십계명 - 5, 6계명	3	기도, 하나님과의 대화
4	십계명 - 7, 8계명	4	주기도문 1
5	십계명 - 9, 10계명	5	주기도문 2
6	1박 2일 MT	6	1박 2일 MT

셋째, 과제다. 제자훈련은 훈련 시간에 배우는 내용도 중요하지만, 주중 과제를 통해 평일의 삶에 영향을 미치는 것이 더 중요하다. 제자훈련 과제로는 매일 말씀 읽고 기도하기, 주일 예배에 일찍 오기, 예배 시간에 앞자리에 앉기, 주일 설교 요약하기, 독서 감상문 제출하기 등이 있다.

자료 7

초등부 제자훈련 개인 경건 훈련 점검표 / 주일 설교 요약

2016-2학기 1주차 훈련생 성명 (   )

날짜 \ 평가항목	Q.T	기도 (5분 이상)
주일 (/)		
월 (/)		
화 (/)		
수 (/)		
목 (/)		
금 (/)		
토 (/)		

1. 지난주 수업을 통해 가장 유익했던 내용은 무엇인가요?

2. 한주간의 생활 중 하나님께서 베풀어주신 은혜를 기록해 보세요.

- 기록시 주의 사항 및 점검표 기록방법
  - ☞ 모든 기록은 주일부터 시작하며 날짜를 꼭 쓴다.
  - ☞ 모든 기록의 표시는 O, X로 하며 빈칸은 꼭 채운다.
  - ☞ 이 점검표는 학생의 영적 생활(고후 10:12)을 평가하는 자료로 활용된다.
  - ☞ 이 점검표는 훈련 성적에 반영되므로 성실하게 제출하여야 한다.

그리스도의 참된 제자가 되기 위한
드림교회 초등부 제자훈련

* 도착 시간 : ___시 ___분
* 날   짜 : ___월 ___일
* 설교 제목 :
* 설교 본문 :

넷째, MT다. 드림교회 유·초·소 제자훈련은 "훈련은 열심히! 놀 때는 확실히!"라는 모토를 가지고 있다. 가족 여행을 자주 가는 이 시대에 최소 6주, 혹은 그 이상의 시간을 내어 꾸준히 훈련을 받기란 쉬운 일이 아니다. 게다가 숙제도 많다. 6주간의 훈련을 성실히 마친 아이들에게는 칭찬을 해주어야 한다. 아이들에게 최고의 칭찬은 함께 놀아 주는 것이다. 제자훈련을 마치고 유년부는 당일로, 초등부와 소년부는 1박 2일로 MT를 다녀온다. MT는 아이들이 6주간의 힘든 훈련을 참는 원동력이 된다.

다섯째, 인원이다. 제자훈련을 기획할 때 '몇 명 정도 신청할 것인가?'에 대해 고민해야 한다. 예를 들어, 유년부의 경우 한 반에 10명 이상은 수업 진행이 어렵다. 10명 이상이 신청한다면, 반을 나눠야 할 것이다. 또 반대로 적은 인원이 신청했을 때도 대비해야 한다. 인원이 적다고 제자훈련이 무의미해지는 것은 아니다. 인원이 적으면 그만큼 해당 아이들을 집중해서 양육할 수 있다.

이전 사역지에서의 일이다. 그 교회에서는 중고등부 아이들을 가르쳤다. 작은 규모의 부서였다. 제자훈련을 시작하니 5명이 신청했고, 2명만 꾸준히 나왔다. 그마저도 지각하기 일쑤였다. 그 아이들을 붙잡고 열심히 가르쳤다. 훈련이 아이들에게 어떤 영향을 미쳤는지는 모르겠지만, 둘 중 한 명은 부서의 반주자가 되었고, 다른 한 명은 찬양 팀 싱어가 되었다. 그중 한 친구는 친구 초청 잔치에 혼자 5명을 전도했다. 자기 돈으로 친구들에게 문화상품권까지 주면서 말이다. 인원이 적다고 실망하지 말자. 훈련받은 한두 명이 부서를 바꿀 수 있다.

2) 제자훈련 에피소드

세심하게 준비된 제자훈련은 아이들에게도 특별한 시간이 된다. 한번은 제자훈련 중 한 아이가 불쑥 질문을 했다.

"목사님도 죄가 있나요?"

아이들은 종종 당연하지만 날카로운 질문들을 한다.

"당연히 있지."

그런데 아이의 다음 질문에 빵 터졌다.

"무슨 죄요? 목사님도 편식하세요?"

제자훈련을 통해 아이들과 평소에는 나누지 못하는 대화를 할 수도 있다. 한번은 이런 일이 있었다.

"목사님! 우리 집에서 누구 똥 냄새가 제일 지독한지 아세요?"

"아하하! 그, 글쎄?"

"우리 엄마예요!"

순간 아이 어머니의 얼굴이 떠올랐다. '아! 집사님! 그러셨군요!'

제자훈련에 대한 유쾌한 에피소드가 많지만, 가슴 찡한 에피소드도 있다. 언젠가 수업 중 학교 내 따돌림에 대한 이야기를 나눴다. 그러자 한 아이가 이런 고백을 했다.

"목사님, 우리 반 아이들 중에 가장 따돌림을 받는 아이가 아마 저일걸요?"

그 아이는 2학년에 올라가는 아이였다. 2학년짜리 꼬맹이들에게 무슨 아픔과 고민이 있을까? 있다. 제자훈련을 통해 아이들과 시간을 함께 보내다 보면, 아이들의 고민과 아픔을 알 수 있다.

하루는 유년부 제자훈련 2단계 수업에 한 아이가 울면서 들어왔다. "왜 울었니?"라고 물으니, 부모님께 혼났다고 했다. "왜 혼났니?"라고 묻자, 집에 할아버지와 할머니가 놀러 오셔서 부모님이 오늘은 제자훈련에 가지 말라고 하셨는데, 끝까지 가겠다고 우겨서 혼났다고 했다. 우는 아이가 안쓰러우면서도, 이렇게 제자훈련에 오고 싶어 하는 마음이 참 고마웠다.

세심한 고민을 통해 아이들이 참여하고 싶은 제자훈련 과정을 만든다면, 부서의 사역은 날개를 달게 될 것이다.

5. 부모와의 소통은 필수다

유·초·소 사역은 부모의 협력 없이 이루어질 수 없다. 제자훈련을 하더라도 부모가 신청을 해줘야 할 수 있고, 성경학교도 부모가 보내줘야 올 수 있다. 매주 예배에 오는 것 역시 마찬가지다. 부모의 협력을 이끌어 내기 위해서는 부모와 평소에 긴밀하게 소통하는 것이 중요하다. 드림교회 유·초·소는 부모와 소통하기 위해 여러 가지 노력을 한다.

첫째, '부모와 함께하는 SNS'를 운영한다. SNS를 통해 매주 아이들의 예배 모습을 공유하고, 각종 공지사항을 전달한다.

둘째, 부모와 함께하는 집회를 매년 두 차례 연다. 상반기에는 특별새벽기도회를, 하반기에는 부흥회를 진행한다. 장년 특별새벽기도회와 부흥회에 참여하는 것이 아니라, 유·초·소만의 특별새벽기도회와 부흥회를 진행한다. 부모와 함께 율동하며 찬양하고, 말씀 듣고, 기도하는 시간은 아이들뿐만 아니라 부모에게도 큰 영적 각성의 자리가 된다.

셋째, 가정 예배를 드린다. 드림교회 유·초·소는 "한 달에 한 번 가정 예배 드리기" 운동을 하고 있다. 기존의 가정 예배가 어른들에게 초점이 맞춰진 예배라면, 드림교회 유·초·소의 가정 예배는 전적으로 아이들에게 초점이 맞춰진 예배다. 예배 중에 숨바꼭질도 하고, 제비뽑기도 하고, 양말을 돌돌 말아 던지기도 한다. 여러 활동과 게임을 통해 메시지를 전달하는 시간이다.

이외에도 회기 첫 달에 진행하는 사역 설명회, 제자훈련 부모 교육 등을 통해 가능하면 부모와 교역자가 만나는 자리를 많이 만들고자 노력한다. 부모와 소통할 때 부모는 부서의 든든한 후원자가 된다.

6. 학교에서 기도하는 초딩들의 이야기, 스쿨처치

학교에서 기도하는 초딩들의 이야기를 들어 본 적이 있는가? 드림교회 유·초·소 아이들은 학교에서 자기들끼리 기도 모임을 한다.

아이들을 심방하다가 무심결에 한 아이에게 이런 질문을 했다.

"ㅇㅇ야! 너 학교에서 점심시간에 기도하고 밥 먹니?"

아이는 한참을 웃더니 이렇게 대답했다.

"하긴 해요!"

"'하긴 해요'라니? 그게 무슨 뜻이야?"
"하긴 하는데, 뭐 떨어뜨리고 줍는 척하면서 엄청 빠르게 속으로 해요!"
"왜 그렇게 하는데?"
"음, 뭔가 창피해요!"

대화의 분위기는 밝았지만, 적지 않은 충격을 받았다. 다른 친구들의 학교생활 이야기도 들어 보니 별반 다르지 않았다. 교회생활을 열심히 하는 친구들도, 예배 시간에 앞에서 찬양을 인도하는 아이들도 학교에서는 전혀 구별되지 못한 모습으로 살아가고 있었다.

'어떻게 하면 이 상황을 돌파할 수 있을까?' 고민하다가 생각한 것이 학교 기도 모임 '스쿨처치'였다. '아이들이 일주일에 한 번만이라도 함께 모여 기도하면, 학교생활이 조금은 달라지지 않을까?' 하는 생각에 아이들에게 도전하고 시작했다.

처음에는 지원자가 적었다. 어떤 학교는 혼자 지원했다. 혼자라도 기도하겠다고 했다. 그렇게 한 주가 지나고, 두 주가 지나고, 한 달 만에 80여 명의 아이들이 학교 기도 모임에 동참했다. 3년째 진행 중인 초등부와 소년부 스쿨처치는 현재 100여 명의 아이들이 각 학교에서 기도 모임을 하고 있다.

아이들이 스스로 기도하니 은혜가 되지만, 문제도 있다. 어떤 학교는 남자 친구들과 여자 친구들이 다퉜다. 이유는 여자 친구들은 진지하게 예배를 드리고 싶은데, 남자 친구들이 자꾸 장난을 쳤기 때문이었다. 여자 친구들의 항의가 강해서 기도 모임을 남자반, 여자반으로 나눠 주었다. 이렇게 해당 학교에는 두 개의 기도 모임이 생겼다. 또 어떤 학교는 기도할 장소가 없어 아이들이 운동장이나 복도에 모여 기도하기도 한다.

한 학교는 두 명의 아이들이 교실에서 기도 모임을 하는데, 친구들이 와서 놀렸다. "(예배지를 빼앗아 흔들며) 이게 뭐야? 너네 교회 다녀? 지금 뭐 하는 거야?"라고 비아냥거리며 모임을 방해했다. 그런데 놀라운 것은 아이의 반응이었다. 부끄럽지 않았냐고 물으니, 전혀 부끄럽지 않았다고 했다. 어찌나 은혜가 되던지! 순간, 눈에 눈물이 고였다.

또 하나의 에피소드를 소개한다. 한 친구가 기도 모임 시간에 늦었다. 그런데 그날따라 평소보다 기도의 분위기가 뜨거웠다. '이상하다! 오늘따라 왜 이렇게 뜨겁게 기도하지?' 어색한 마음으로 기도회에 참여했고, 기도회를 마쳤다. 그때 리더가 과자를 꺼내 친구들에게 나눠 주었다. 상황을 확인하니, 리더가 예배 전에 "우리가 기도하려고 모이는 건데, 기도를 제대로 안 하는 것 같아. 오늘 기도를 제대로 하면 과자를 줄게"라고 했단다. 그 얘기를 듣고 얼마나 웃었던지! 참 멋진 리더라는 생각을 했다.

스쿨처치 기도 모임을 통해 아이들이 영적으로 많이 성장했다. 이제 친구들 앞에서 믿음을 드러내는 것을 부끄러워하지 않는다. 오히려 "나 교회 다닌다"라고 먼저 공개한다. 그러니 전도도 쉽고, 교회에 대해 이야기하는 것도 자연스럽다. 식사 기도는 기본이다.

아이들과 스쿨처치를 시작하면서 하나의 비전을 제시했다. "우리가 마중물이 되자!"라는 것이었다. 마중물이란 펌프질을 할 때 물을 끌어 올리기 위해 위에서 붓는 물이다. 단 한 바가지이지만 마중물을 통해

끌어올려지는 물의 양은 목욕을 하고도 남을 만큼이다. "우리가 시작이 되어 전국의 초등학교 아이들이 학교에서 기도하는 꿈을 꾸자!"라고 아이들에게 말했다. 감사하게도, 드림교회 유·초·소 아이들의 스쿨처치 이야기를 듣고 초등학교에 기도 모임을 세우려고 시도하는 교회들이 있다는 소식을 들었다.

우리의 신앙 교육은 교회 안에만 머물러서는 안 된다. 아이들의 삶의 현장까지 침투해야 한다. 또래 문화에 민감한 아이들이 친구들 앞에서도 당당하게 기도하고, 자신들의 신앙을 밝힐 수 있는 수준에까지 나아가야 한다.

자료 9

초등부 스쿨처치 예배지

- **함께 찬양해요** : 나 무엇과도 주님을
- **말씀을 읽어요** : 느헤미야 3장 5절 말씀

  그 다음은 드고아 사람들이 중수하였으나
  그 귀족들은 그들의 주인들의 공사를 분담하지 아니하였으며

- **말씀을 나눠요** :

  느헤미야서는 예루살렘의 성벽을 건축하는 이야기입니다. 성벽을 건축하는 현장에 세 부류의 사람이 등장합니다. 첫째, 리더입니

다. 느헤미야서의 주인공인 느헤미야처럼, 하나님 나라의 일이라면 앞장서서 일하는 사람을 말합니다. 둘째, 협력자입니다. 먼저 앞장서진 않지만, 누군가 앞장서면 기쁜 마음으로 협력하는 사람들입니다. 셋째, 방관자입니다. 일을 하든 말든, 자기랑은 상관없다고 생각하는 사람들입니다. 오늘 본문이 방관자들에 대한 본문입니다. 모든 사람이 한마음과 한뜻으로 함께 성벽을 지을 때 드고아의 귀족들은 공사에 참여하지 않았다고 성경은 기록하고 있습니다.

여러분은 어떤 부류의 사람인가요? 하나님 나라의 일이라고 하면 앞장서는 리더인가요? 앞장설 자신은 없지만 그래도 누군가 앞장서면 열심히 돕는 협력자인가요? 아니면 나랑 상관없다고 말하는 방관자인가요?

하나님은 방관자들의 명단을 성경에 분명히 기록해 놓으셨습니다. 하나님 나라의 일에 열심히 앞장서고 협력하는 모든 초등부 친구가 되기를 바랍니다.

◉ **함께 기도해요 :**

1. 하나님 나라의 일에 방관자가 아니라 리더와 협력자가 되게 해주세요.
2. 스쿨처치에 있어서도 방관자가 아니라 리더와 협력자가 되게 해주세요.
3. 청소년 수련관 건축에 기도와 물질로 동참할 수 있게 해주세요.
4. 예수님을 믿는 어린이로서 학교에서도 인정받고 칭찬받을 수 있도록 도와주세요.

7. 하나님이 맡기신 아이들을 치열하게 사랑하라

한 초등부 사역자와 대화할 기회가 있었다. 그는 필자에게 하소연을 하며, 자신의 원래 비전은 청소년 사역이라고 했다. 마음은 청소년에게 있는데 초등학교 아이들을 가르치려니 힘들다고 했다. 필자가 경험한 초등부 사역자 중 이와 같은 고민을 갖고 있는 이들이 상당히 많았다. 그런 이야기를 들으면, 그 교역자가 담당하고 있는 아이들이 불쌍하게 느껴진다. 교역자로부터 전적인 사랑을 받지 못하고 있는 것이 아닌가!

많은 사역자가 유·초·소 사역을 거쳐 가는 사역으로 생각한다. 청소년부와 청년부에 비전이 있지만 상황이 어쩔 수 없어 맡아야 하는 사역이자 교구로 가기 전에 잠시 담당하는 사역으로 생각한다. 좋다. 평생 유·초·소 사역을 하지 않아도 좋다. 그렇게 할 수도 없다.

그러나 필자는 이 글을 읽는 모든 사역자에게 간곡히 부탁한다. 맡고 있는 동안만이라도 하나님이 맡기신 아이들에게 전적인 사랑을 주라! 주님 앞에서 부끄럽지 않게 사역하라! 아이들을 위해 내가 무엇을 더 할 수 있을까 고민하라! 교역자가 학생이라 학업으로 바쁜지, 청소년 사역이 비전이라 다른 꿈을 꾸고 있는지 아이들은 전혀 모른다. 아이들에게는 그저 당신만이 자신의 목자다. 아이들에게 '우리 전도사님', '우리 목사님'은 오직 당신뿐이다.

우리는 하나님은 실수가 없는 분이시라고 믿는 사람들이 아닌가! 그렇다면 내가 지금 있는 이 자리도 실수 없으신 하나님이 있게 하신 것이다. 주어진 현실, 지금 있는 자리에서 최선을 다하는 것, 그것이 우리의 사명이다. 먼 미래의 사명을 꿈꾸기 전에, 현실에 주어진 사명에 최선을 다하자!

　주님이 내게 맡겨 주신 양들을 치열하게 사랑하기로 결심하는 모든 사역자에게 아낌없는 응원과 존경을 보내며, 글을 맺는다.

PART. 4

소통으로 성장하는 청소년부

청소년부는 사춘기 아이들이
그리스도인으로서 정체성을 확인하는 장이다

이 정 현 목사

청소년 사역에 대한 특별한 비전을 품고 20년간 청소년 사역을 감당하고 있다. 현재 드림교회에서 교육 디렉터와 청소년 사역을 감당하면서 하루도 빠지지 않고 아이들을 만나고 있다.

총신대학교 신학과(B.A)
총신대학교 신학대학원(M.div)
사우스웨스턴 신학교 신학 석사(Th.M Cand)
사우스웨스턴 신학교 청소년 교육 석사(MACE), 청소년 교육 박사(Ph.D)
22jung@daum.net

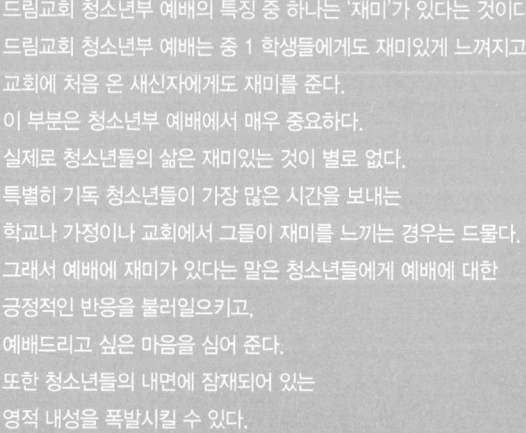

드림교회 청소년부 예배의 특징 중 하나는 '재미'가 있다는 것이다.
드림교회 청소년부 예배는 중 1 학생들에게도 재미있게 느껴지고,
교회에 처음 온 새신자에게도 재미를 준다.
이 부분은 청소년부 예배에서 매우 중요하다.
실제로 청소년들의 삶은 재미있는 것이 별로 없다.
특별히 기독 청소년들이 가장 많은 시간을 보내는
학교나 가정이나 교회에서 그들이 재미를 느끼는 경우는 드물다.
그래서 예배에 재미가 있다는 말은 청소년들에게 예배에 대한
긍정적인 반응을 불러일으키고,
예배드리고 싶은 마음을 심어 준다.
또한 청소년들의 내면에 잠재되어 있는
영적 내성을 폭발시킬 수 있다.

드림교회 청소년부에는 '목살' 모임이 있다. 돼지 목살을 먹는 모임이 아니고, '목요일 풋살' 모임이다. 평일 저녁임에도 불구하고 제법 많은 학생들이 공을 차기 위해서 모인다. 많게는 30여 명이 모이기도 한다. 그리고 멋 좀 부리는 학생들은 유니폼을 착용하고 경기에 임한다. 유니폼 뒤에는 선수 번호와 함께 이름이 적혀 있다. 적혀 있는 이름은 정말 다양하다. '호날두', '메시', '실바', '루이스', '네이마르' 등.

그런데 하루는 어떤 친구 유니폼에 적힌 이름이 특이했다. '개존잘.' 수많은 선수 이름을 봤지만 그가 과연 누구인가? 처음에는 '과연 그 선수가 누구인가?' 많이 고민했다. 학생들은 그 이름 '개존잘'을 연거푸 외치면서 계속 웃었는데, 과연 그 웃음의 의미가 무엇인지 알 수 없었다. 그래서 집에 가자마자 찾아보았다. 그런데 '개존잘'은 사람 이름이 아닌, 일종의 비어였다. 뜻은 '매우 많이 잘생겼다'였다.

요즘 청소년들이 사용하는 비어나 은어는 마치 외계어 같다는 느낌을 받을 때가 있다. 그만큼 세대가 계속 바뀌어 가고 있다는 증거다. 이때 이 아이들과 소통하기 위해서는 사역자와 교사들이 공부하고, 배우고, 연구하고, 친해지면서 학생들을 따라가는 방법밖에 없다.

드림교회에서 7년간 사역하면서 소통의 위력을 여러 차례 경험했다. 어찌 보면 그간 청소년부의 성장의 원동력은 바로 '소통'에 있었다고 해도 과언이 아닐 것이다. 소통이라는 것은 '상호 간에 통하고 있다'라는 것이다. 즉 교사나 사역자와 학생 사이에 무엇인가 계속 통하는 사역이 진행되고 있다는 것이다.

소통이 잘되면 아이들이 교회를 좋아하고, 사역자를 좋아하고, 교사를 좋아해서 자주 교회에 나오려고 한다. 시키지 않아도 전도도 알아서 하기도 한다. 반대로 소통이 안 되면 아무리 애를 써도 청소년부가 잘 될 리 만무하다.

연말에 한 교사가 그만둔다고 해서 물어봤더니, 내용이 다소 충격적이었다. 여학생이 교회에 나오지 않고 전화 연락도 되지 않아서 그 집에 찾아갔는데 별로 반기지 않더라고 했다. 나중에 그 학생이 교사에게 문자를 보냈는데, 이러한 내용이었다. "저 다시는 찾지 마세요. 연락도 하지 마세요. 다시는 교회에 나가지 않을 거예요." 결석한 학생을 직접 찾아가기까지 노력했는데 돌아온 반응은 "싫다"였고, 교회에 나가지 않겠다는 것이었다. 학생과 교사 사이에 소통이 없을 때 나타나는 전형적인 현상이다.

청소년부를 섬기면서 열심히 하지 않으려는 교사는 별로 없을 것이다. 모두가 최선을 다하고 있다. 그런데 왜 열매가 없을까? 필자는 첫 번째 이유가 바로 소통의 부재라고 생각한다. 드림교회 청소년부의 차별화된 특징은 단연코 소통에 힘쓰는 것이다. 드림교회 청소년부에는 다음과 같은 특별한 특징들이 있다.

1. SSS원리를 추구하는, 소통이 있는 예배

드림교회 청소년부의 가장 큰 특징은 첫째도 예배이고, 둘째도 예배다. 과감히 차별화된 예배가 그 특징이다. 교역자나 교사들이 주관하는 어른 중심의 일방통행 예배가 아니라 학생들이 주도해 학생들이 가장 좋아하는 예배를 드린다. 이러한 예배를 가리켜서 우리는 '소통이 있는 예배'라고 한다. 왜냐하면 소통이 있다는 말은 일방적이지 않다는 말이기 때문이다. 소통이라는 말에는 인도하는 이나 참여하는 이가 모두 하나 되고, 만족하고 있다는 뜻이 내포되어 있다.

한국 교회 중고등부 예배 현장을 가 보라! 인도하는 어른 그룹과 참여하는 학생 그룹 간에 큰 간극이 있다. 어른들에 의한 일방적인 예배다. 보통은 전통이라는 명목 아래 30-40년 전의 예배 패턴을 그대로 학생들에게 주입시키고 있다. 시대상과 문화상이 전혀 반영되어 있지 않은 예배를 청소년들에게 강요하니, 21세기 최첨단을 걷고 있는 청소년들이 공감하기 만무하다.

대한민국 대부분의 청소년들은 로봇처럼 예배드리고 있다. 앉으라고 명령하면 앉고, 서라고 명령하면 서는 식 말이다. 이런 이유로 대한민국 기독 청소년들의 80%가 예배 시간이 싫다고 하는 것이다. 예배가 싫으니까 교회에 모이지 않고, 모이지 않으니까 믿음이 자라지 않고, 그렇다 보니 졸업과 동시에 교회를 다 떠나는 것이다.

설문조사에 의하면, 드림교회 청소년부 예배 만족도는 99%다. 모두 다 만족하는 예배라고 할 수 있다. 그래서 늦게 오는 학생이 별로 없다.

최소 설교를 시작하고 오는 학생은 거의 없다(5% 미만). 예배 시간에 휴대폰을 만지는 학생도 없다. 대부분의 학생이 예배에 집중하고 있다. 모두가 서서 열광적으로 찬양하고 설교에 반응해 예배가 살아 움직인다. 드림교회를 탐방하러 온 분들이 하시는 공통적인 이야기가, "마치 연합 캠프 모습이네요"라는 것이다. 그렇다. 드림교회 청소년부 예배는 마치 여름 캠프의 한 장면을 보는 듯하다. 그렇다면 드림교회 청소년부 예배는 구체적으로 어떻게 진행되는가?

1) 청소년 예배 어떻게 할까?: SSS원리를 실현하라

SSS란 'Something Special every Sunday!'의 약자로 '매주 특별함을 보여 주라'라는 의미다. 드림교회 청소년부 예배에 나름 높은 만족도가 나온 이유는 SSS원리가 예배에 녹아 있기 때문이다. 한 번이라도 대충 준비하는 예배가 없도록 하는 것, 절대 같은 패턴으로 예배를 준비하지 않는 것, 학생들 가운데 예배가 시시하다거나 진부하다는 느낌을 갖는 아이가 한 명도 없도록 하는 것, 모두가 예배의 특별함을 느끼게 하는 것이 바로 SSS원리다. 이 원리가 살아 움직이기에 드림교회 청소년부 예배에는 기대감이 있다. 그래서 학생들이 더 오려고 애를 쓴다. 심지어는 비신자도, 장기 결석자도 예배의 매력에 빠져든다.

드림교회 청소년부에서 SSS원리의 실천을 위해 구체적으로 어떠한 준비가 이루어지는지 살펴보겠다.

2) SSS 1: 일사각오의 기도

예배를 예배 되게 하는 것은 기도밖에 없다. 드림교회 청소년부는 한 번의 예배를 위해서 토요일마다 사역 팀별로 예배를 위해서 기도한다. 주일 아침 9시 30분에 준비 팀이 모이면 역시 팀별로 기도한다. 주일 10시가 되면 전체 사역 팀이 한자리에 모여서 또 예배를 위해서 기도한다. 예배 후에는 임원들 중심으로 기도회가 진행된다. 한 번의 예배를 위해서 무려 4회의 기도회가 존재한다. 강력한 기도만이 강력한 예배를 만들 수 있다.

3) SSS 2: 한 가지 테마

드림교회 교회학교 전체가 그렇듯, 청소년부 예배의 설교 본문과 내용은 최소 한 주 전 모든 교사에게 전달된다. 교사들 및 스태프들은 설교 내용을 미리 알고 있기에 일주일간 같은 마음으로 예배를 준비하게 된다. 찬양과 드라마와 설교와 분반 공부 전체가 다 한 가지 주제이기에 예배에 참석한 학생들의 머릿속에 정확히 각인된다.

4) SSS 3: 커리큘럼이 있는 설교

많은 목회자의 경우 자기가 원하는 본문을 임의로 정해서 설교하곤 한다. 그러면 영적인 영양소가 고루 분배되지 않을 확률이 높다. 신구약 성경 66권의 내용을 학생들에게 골고루 주기 위해서 드림교회 청소년부에서는 매년 초 1년 치 커리큘럼을 미리 계획하고, 그에 맞추어 설교가 진행된다. 철저히 교역자의 기호를 배격하며, 신구약 성경의 균

형, 조직신학적인 균형, 목회적인 균형을 맞춰 가면서 설교가 이루어진다. 최대한 학생들에게 영적인 양분이 골고루 배분되도록 힘쓰는 과정이라고 할 수 있다.

자료 1

2011-2017 드림교회 청소년부 설교 커리큘럼

2011	신앙의 코어 시리즈	요한복음 (복음서)	성과 이성 교제	요나 (선지서)		
2012	신앙의 코어 시리즈	빌립보서 (바울 서신)	성과 이성 교제	다윗, 믿음의 사람(역사서)	사사기 (특새)	여호수아 (수련회)
2013	비전 시리즈	신앙의 코어 시리즈	로마서 (바울 서신)	성과 이성 교제	다니엘 (선지서)	
2014	신앙의 코어 시리즈	사도행전	성과 이성 교제	모세 (출애굽기)		
2015	Renew 시리즈	창조론 vs 진화론	요한계시록 (묵시록)	성과 이성 교제		
2016	믿음 시리즈 (히브리서)	엘리야와 엘리사 (왕상·하)	성과 이성 교제	디모데전서	느헤미야	
2017	신앙의 코어 시리즈	에베소서 (바울 서신)	성과 이성 교제	레위기		

5) SSS 4: 살아 움직이는 찬양

청소년들에게 있어서 찬양은 마치 화약고에 붓는 기름과도 같다. 청소년부 찬양 팀은 뜨거워야 하며 살아 있어야 한다. 또한 정예 부대와 같은 강력함이 있어야 한다. 드림교회 청소년부의 '보이스' 찬양 팀은 토요일마다 4시간을 할애해 연습하고 양육을 받는다.

드림교회 찬양 팀에는 차별화된 부분이 있다. 우선 토요일에 교회에 오면 모두가 함께하는 제자훈련 외에 찬양 팀 양육이 또 한 번 진행된다. 찬양 팀에만 교사가 5명 있는데, 학생들을 5개 소그룹으로 묶어서 양육시킨다. 그리고 학생들 가운데 영적으로 힘들어하는 이들이 있으면 잘 돌본다. 이후에 찬양 연습이 진행된다. 그리고 마지막으로 기도회를 갖는다.

청소년 사역에 있어서 찬양은 무척 중요한 요소다. 찬양이 살아 움직일 때, 다른 말로 하면 찬양 팀이 영적으로 충만할 때 참된 예배가 가능하다.

6) SSS 5: 역동성

드림교회 청소년부 예배는 가장 역동성이 넘치는 예배라고 자부한다. 드림교회의 슬로건은 "비전의 교회, 역동적인 사역"이다. 청소년부는 그 슬로건에 가장 걸맞게 움직이고 있다.

청소년부 예배는 어찌 보면 무척 정신없이 진행되지만, 군더더기 하나 없이 깔끔하게 전개된다. 그래서인지 예배에 참여하는 학생들이 역동성을 느낄 수 있다. 예배 전 팀별 연습, 예배 순서자들의 사전 준비, 방송실과 음향실과 비디오카메라까지 모든 팀이 유기적으로 움직인다. 예배를 드리는 시간은 정확히 60분을 지키고, 모든 순서가 분 단위로 계산되어 진행된다. 청소년들에게 가장 적합한 예배는 잘 준비된 예배, 그로 인한 역동적인 예배라고 생각한다.

7) SSS 6: 재미

드림교회 청소년부 예배의 특징 중 하나는 '재미'가 있다는 것이다. 드림교회 청소년부 예배는 중 1 학생들에게도 재미있게 느껴지고, 교회에 처음 온 새신자에게도 재미를 준다.

이 부분은 청소년부 예배에서 매우 중요하다. 실제로 청소년들의 삶은 재미있는 것이 별로 없다. 특별히 기독 청소년들이 가장 많은 시간을 보내는 학교나 가정이나 교회에서 그들이 재미를 느끼는 경우는 드물다. 그래서 예배에 재미가 있다는 말은 청소년들에게 예배에 대한 긍정적인 반응을 불러일으키고, 예배드리고 싶은 마음을 심어 준다. 또한 청소년들의 내면에 잠재되어 있는 영적 내성을 폭발시킬 수 있다.

'재미'의 반대는 '지루함'인데, 지루함은 싫증과 짜증을 만들어 낸다. 반대로 재미가 있으면 은혜의 반응이 나온다. 필자는 재미를 위해서 설교 준비에 정말 많은 시간을 투자한다. 보통 새벽 기도회 후에 설교 준비를 하는데, 말씀에 대한 주해 및 내용 전개가 목요일 새벽에 끝나면, 그다음부터는 말씀을 재미있게 전달하려고 온갖 방법을 강구한다.

필요하면 예배 시간에 닭도 가지고 등장하고, 강아지도 데려온다. 본당에 달걀이 날라다니고, 야구공이 왔다 갔다 하기도 한다. 설교 중에 피자, 햄버거, 음료수 등 안 먹어 본 것이 없다. 시간만 나면 영상과 사진 모으기를 한다. 개그에 대한 감이 떨어지지 않기 위해서 웬만한 개그 프로그램은 꼭 본다. 주일 설교가 어떻게 전개될지 아무도 예상할 수 없게 한다. 절대로 같은 패턴으로 설교를 시작하거나 전개하지 않는다. 아무리 재미있는 것도 금방 식상할 수 있기 때문이다.

솔직히 이러한 준비는 엄청나게 고통스럽다. 하지만 흐뭇해하는 학생들의 얼굴과 그들의 환한 웃음을 보면 또 준비에 몰입하게 된다.

무엇보다도 재미는 학생들을 예배에 깊이 집중하게 만든다. 그래서 말씀을 잘 듣게 되고, 그 말씀이 뇌리에 오래 남아서 그들의 삶을 움직이게 된다. '재미'라는 코드가 학생들에게 잘 전달되면 새신자들의 교회 정착은 무척 쉽다.

8) SSS 7: 한 번 이상의 예배

학생들의 믿음 성장은 주일날 드려지는 한 번의 예배로는 힘들다. 어른도 그렇지 않은가? 주일에 한 번 예배드리는 사람과 주중 예배를 계속 드리는 사람의 신앙을 동일선상에서 보기는 어려울 것이다.

드림교회 청소년부에는 주일 예배 말고도 한 달에 한 번씩 금요일에 'Ask 10 파워 기도회'가 있다. 야간 자율 학습과 학원에서의 공부를 끝낸 후 약 200명의 학생들이 함께 모여 찬양하고, 말씀 듣고, 기도하는 시간이다.

뿐만 아니라 믿음이 있는 학생들의 경우 자발적으로 주일 오후 예배와 수요 예배 등에 참석한다. 제자훈련을 받는 학생들에게는 의무적으로 새벽 기도회와 저녁 기도회에 몇 회 이상씩 참석할 것을 종용하고 있다. 예배는 많이 드릴수록 좋다.

자료 2

청소년부 예배 순서

시간	내용	조명
10:00-10:20	전체 예배 준비 기도회	조명 무대만
10:20-10:50	안내 및 예배 준비	전체 조명 On
10:50-10:53	카운트다운 및 준비 영상	전체 조명 Out
10:53-11:19	찬양	조명 무대만
11:19-11:22	통성 기도 및 학생 대표기도	조명 무대만
11:22-11:23	사회자 성경 봉독	전체 조명 On
11:23-11:45	설교	전체 조명 On
11:45-11:55	결단 찬양, 통성 기도, 축도	조명 무대만
11:55-11:57	광고 영상	전체 조명 Out
11:57-12:01	광고 및 새신자 환영	전체 조명 On
12:01-12:30	분반 공부	전체 조명 On

2. 청소년부를 성장시키는 최고의 무기, 소통이 있는 제자훈련

청소년 사역에 있어서 가장 중요한 것이 무엇이냐고 묻는다면, 단언하건대 '제자훈련'이라고 말할 것이다. 다음과 같은 이유 때문이다.

20년간 청소년 사역을 하면서 많은 학생과 좋은 관계를 맺었다. 관계의 힘은 막강하다. 일진도, 일짱도, 심지어 찐따도 다 필자를 좋아하게끔 만들어서 교회에 붙어 있게 할 수 있었다. 그런데 관계는 관계일 뿐이었다. 학생들이 많아지고, 잘 챙겨 주었던 학생들을 전보다 조금 덜 챙겨 주자 학생들이 떨어져 나갔다. 또한 아무리 학생들과 목사의 관계가 좋다 할지라도 영적인 양육이 들어가지 않았을 때는 그 아이들의 성장을 결코 볼 수 없었다.

제자훈련은 학생들을 성장시키는 최고의 무기다. 따라서 청소년부가 강력해지기를 원한다면 제자훈련이 최고의 방법이다.

그런데 제자훈련은 일방적으로 진행되어서는 안 된다. 학생들이 원하는 제자훈련, 학생들이 필요로 하는 제자훈련, 학생들과 소통할 수 있는 제자훈련이 될 때 효과를 발휘한다.

1) 소통하는 제자훈련이란?

보통 양육이나 제자훈련을 한다고 하면 어떠한 교재를 사용하냐는 질문을 가장 많이 받는다. 그런데 필자가 생각할 때 '제자훈련=성경 공부'는 아닌 것 같다. 물론 제자훈련은 성경 공부를 포함하지만, 훨씬 그 이상의 것이어야 한다. 그래서 드림교회 제자훈련은 교역자가 홀로 고군분투하는 일방적인 성경 공부 프로그램이 결코 아니다. 학생들이 자발적으로 참여하고 움직이는 제자훈련을 실천하고 있다.

(1) 삶을 터치한다

청소년부 제자훈련 프로그램 안에는 생활 계획표 작성이 들어가 있다. 첫 시간이 되면, 어김없이 매일 삶을 어떻게 살지를 정하고 생활 계획표를 작성한다. 담당 교사는 이 계획표를 보면서 학생의 삶에 관여하게 된다. 과연 학생이 어떠한 생각으로, 어떻게 살고 있는지에 대해 진지하게 고민하면서 학생과 대화를 나눈다.

(2) 매일 영성에 중심축을 둔다

제자훈련 기간에 학생들이 해야 하는 것은 매일 개인 영성 체크다. 하루에 읽어야 할 성경의 분량이 있고, 매일 해야 할 큐티가 있고, 매일 일정 시간 해야 하는 기도가 있으며, 매일 한 구절 이상 성경을 암송해야 한다. 또한 새벽 예배 등 공예배에도 참석해야 한다. 그러면 결국 개인의 매일 영성에 집중하게 된다. 담당 교사는 제자훈련 시간마다 이 부분을 매우 진지하게 확인한다.

(3) 나눔을 강조한다

제자훈련은 교사의 일방적인 가르침에 의해서 2시간이 채워지지 않는다. 교사가 가르치는 시간은 채 한 시간도 되지 않고, 나머지 시간에 학생들이 자발적으로 대화를 나눈다. 우선은 일주일간의 삶 속에서 만났던 하나님을 나누고, 큐티를 통해서 하나님이 주신 말씀을 나눈다. 성경 공부 시간도 함께 느끼고 생각한 것을 나누는 식으로 진행된다.

(4) 자발적인 참여가 이루어지도록 한다

청소년부 제자훈련 프로그램은 누구도 강요하지 않는다. 많은 경우 자발성의 원칙에 의해서 학생들이 참여하고 있다. 무료도 아니다. 본인의 교재비는 스스로 부담해야 한다. 그럼에도 불구하고 매번 150명 이상의 학생들이 참여해 평균 90% 이상의 학생들이 수료한다.

(5) 사역과 연관시킨다

드림교회 청소년부의 가장 큰 특징은 봉사하는 학생들이 제자훈련에서 탈락하면 언제든지 사역도 그만둬야 한다는 것이다. 쉽게 말하면, 훈련 없는 봉사자를 만들어 내지 않고 있다.

그간 많은 교회에서는 이른바 끼 있고, 활발하고, 리더십 있는 아이들을 무조건 봉사자로 세웠다. 그런데 심지어 교회 임원까지 했던 학생들과 찬양 인도자들조차도 나중에 교회를 떠나는 사태가 벌어졌다. 잘못되어도 한참 잘못되었던 것이다. 드림교회 청소년부에서는 아무리 찬양을 잘 인도해도, 아무리 반주를 잘해도 양육에서 탈락하면 모든 사역을 내려놓아야 한다. 그렇다 보니 학생들의 영적 내성이 강해질 수밖에 없다.

2) 청소년부 제자훈련 프로그램 진행 사항

드림교회 청소년부 제자훈련 프로그램은 성경 공부라는 개념보다는 매일 기도하는 법, 매일 성경 읽는 법, 매일 큐티하는 법, 매일 암송하는 법 등을 먼저 충분히 가르치고, 이러한 영적 활동을 매일 실천할 수 있도록 도와준다. 그리고 토요일이나 주일 모임 시간에는 일주일간의 영적 활동을 점검하고 주어진 교재로 성경 공부를 한다. 보통 제자훈련 기간은 6주이며, 1년에 4회 진행된다. 중학교에 입학하면 고등학교를 졸업할 때까지 계속해서 제자훈련 프로그램에 참석하게끔 격려한다.

처음 드림교회에서 '제자훈련'을 할 때 재미난 일들이 생겨났다.

첫째, 제자훈련을 수료한 학생들 사이에서 제자훈련에 대한 긍정적인 이야기가 입소문을 타고 퍼졌다. 학생들의 주된 평은 '조금 힘들긴 하지만, 재미있었고 유익했다'라는 것이었다. 학생들이 처음 경험한 제자훈련은 주일에 수많은 사람이 한자리에 모여서 예배드리고, 흩어져서 분반 공부를 하는 것과는 비교가 되지 않을 정도로 수준 높은 모임이었다. 한번 훈련이 시작되면 보통 2시간 정도 진행되었는데, 전혀 지루하지 않았고 갈수록 학생들이 흥미를 가지면서 서로의 것을 많이 나누는 부담 없는 시간이 되었다. 그러면서 기도와 말씀의 훈련이 병행되었기 때문에 학생들의 호응이 무척 좋은 편이었다.

둘째, 제자훈련을 경험한 학생들의 부모들이 한결같이 매우 좋아했다. 제자훈련을 수료한 학생들의 부모들은 필자를 만나면 감사하다고 몇 번을 이야기했다. 과거 방학이면 맨날 늦잠이나 자고 컴퓨터 게임에 몰입하던 녀석들이 일어나자마자 방에서 큐티를 하고, 성경 말씀을 읽고, 암송을 하고, 기독교 서적을 읽은 후 독후감을 쓰고, 기도하는 모습을 본 부모들은 큰 감동을 받았다. 그간 자녀들의 게으른 모습만 보다 영적으로 변화되고 성숙한 모습을 보면서 서로 자녀들에게 제자훈련 추천하기 운동이 벌어졌다.

제자훈련 1단계에 50명의 학생들이 신청했는데, 다음에는 70-80명, 나중에는 무려 130명이 넘는 학생들이 등록해서 큰 고민에 빠진 적이 있었다. 인도할 교사가 부족하고, 12개의 반이 양육받을 만한 공간이 부족해서였다. 매우 행복한 고민이었다. 이후 기도하는 가운데 하나님이 모든 필요를 채워 주셨다. 지금은 제자훈련반이 보통 18개 운영되고 있다. 담당 교사만 18명이고, 주로 토요일 오후 시간과 주일 이른 아침 시간을 이용해 반을 나눠서 단계별로 진행하고 있다.

3) 제자훈련의 결과

과거 미국에서 이민 교회 사역을 할 때 교회 중고등부 학생들 100%를 제자훈련에 참석시킨 적이 있었다. 그때 체험했던 결과는 다음과 같다.

- 고등학교를 졸업하고 한 명도 교회를 떠나지 않았다.
  오히려 졸업 후에 모두 교회 봉사자가 되었다.
- 예배에 대한 갈급함이 달라졌다. 작은 교회이다 보니 찬양 팀조차 꾸리기 어려웠는데, 아이들의 예배에 대한 사모함이 커졌다.
- 교역자를 존경하게 되었다. 처음에는 교역자의 영어 구사나 설교에 대해 불평을 가졌던 아이들이 훈련되면서 순한 양처럼 변화되었다.

이러한 결과는 드림교회 청소년부 제자훈련에서도 동일하게 나타났다.

첫째, 토요일이면 교회에 아이들이 넘친다. 제자훈련을 받기 위해서 150명이 넘는 아이들이 교회에서 북적댄다. 보통은 학원에 가 있을 시간인데, 제자훈련에 과감히 시간을 헌신한 것이다.

둘째, 기도와 말씀의 생활화다. 학교에서 큐티 책을 먼저 편다. 수학여행을 가도 큐티를 한다. 야간 자율 학습이 끝난 뒤 기도로 마무리하는 학생들이 많아졌다.

셋째, 많은 학생의 우선순위가 바뀌었다. 1년에 4회 진행되는 제자훈련에 참여하기 위해서는 많은 헌신이 필요하다. 토요일에 학원에 가는 것이나 과외를 받는 시간이 제자훈련 시간과 겹치지 않아야 한다. 가족 여행을 가더라도 제자훈련 기간에 가서는 안 된다. 친구들을 만나 놀고 싶어도 나중으로 미뤄야 한다. 그러나 대부분의 학생들이 주말이면 개인 공부하는 시간을 제외하고는 훈련에 집중하고 있다.

넷째, 청소년부의 체질 개선이다. 이 부분이 가장 강력한 결과라고 생각한다. 제자훈련을 받은 아이들이 영적으로 강해졌고, 그들이 봉사하고 섬기자 공동체가 더욱더 강해졌다. 양육을 통해서 진정한 믿음이 생기기 시작하면서 웬만한 시험에 흔들리지 않는 강력한 공동체가 만들어진 것이다.

다섯째, 청소년부가 전반적으로 영적으로 뜨거워졌다. 제자훈련에 참여하는 학생들이 청소년부의 중심 세력이 되어서 수련회와 학교 기도회 등 모든 행사의 주축이 되었다. 그들이 영적 구심점 역할을 해주고 있다.

자료 3

제자훈련 진행 형식

- 환영 및 인사(2분)
- 성경 암송 점검(10분: 2분 연습 시간, 8분 점검 시간)
- 일주일간 영성표 작성 및 제출(5분)
- 아이스 브레이크(Ice Break, 10분)
- 큐티 나눔(20분, 모두 참여를 원칙으로 함)
- 성경 공부(40분, 대화식으로)

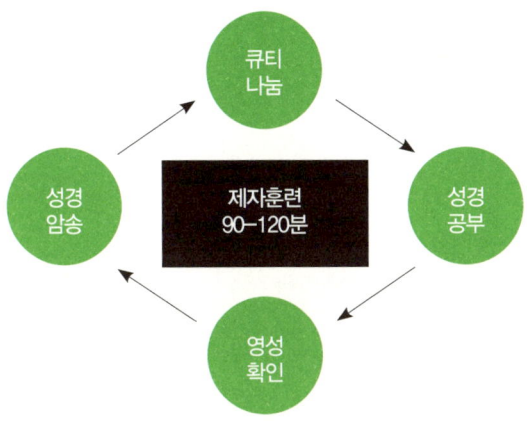

자료 4

제자훈련반 운영 요일

토요 제자훈련(10개 반)

- 1단계: 오전 10시, 오후 2시
- 2-8단계: 오후 2시
- 드림하이반(1개 반)
- 9단계 이상 통합: 오후 2시

주일반(3개 반): 2단계 이상으로 고등학생만 지원 가능

- 고1반: 오전 7:40
- 고2반: 오후 2:30
- 고3반: 오후 3시
- 코어반(특별 지명된 학생 12명만 13주간 수강)

제자반 가능 대상자

- 구원의 확신이 있는 자
- 예배 정기 출석자

- 성경 공부 참석자, 성경 암송 경험자, 큐티 경험자
- 훈련 기간 내 성실히 숙제할 수 있는 자
- 사역 팀 봉사를 위한 필수 코스

커리큘럼 소개

- 1년에 4회에 걸쳐서 진행함(학기 중 2회, 방학 중 2회)
- 각 단계를 이수해야 상위 단계로 진급 가능
- 1단계에서 17단계까지 있음

제자훈련 교재

『제자훈련 시리즈』 1, 2, 3, 4권(고신대출판부)
『KIWY 청소년 성경 공부』 시리즈(좋은씨앗)

자료 5

제자훈련반 단계별 교재 및 과제

단계	교재	독후감 책	암송 구절	성경 읽기	기도 하기	새벽 기도
1	제자훈련 시리즈 1 (고신, 1-6과)	『내 마음 그리스도의 집』, 『거지인가 왕자인가』	『큰 글 주제별 60』 (A1-C6)	4장	10분	3회
2	제자훈련 시리즈 1 (고신, 7-12과)	『참 사랑은 어디에』, 『용서』	『큰 글 주제별 60』 (C7-E12)	4장	10분	3회
3	제자훈련 시리즈 2 (고신, 1-6과)	『기도의 심장』	『제자훈련 64구절』 (1권 1과 A)	4장	20분	3회
4	제자훈련 시리즈 2 (고신, 7-12과)	『세 왕 이야기』	『제자훈련 64구절』 (2권 10과 A)	4장	20분	3회
5	제자훈련 시리즈 3 (고신, 1-6과)	『어거스틴』	시 1편, 23편, 42:1-5, 67편, 70편	5장	30분	3회
6	제자훈련 시리즈 3 (고신, 7-12과)	『평생 감사』	마 5:1-12; 고전 13:1-13	5장	30분	3회
7	제자훈련 시리즈 4 (고신, 1-6과)	『성경을 사랑합니다』	엡 2:1-10; 빌 2:1-11	5장	30분	3회
8	제자훈련 시리즈 4 (고신, 7-12과)	『너무 바빠서 기도합니다』	롬 8장	5장	30분	3회

구분	교재			분량	시간	횟수
드림하이 9단계 이상 통합	1. KWY 청소년 성경 공부 시즌 2 사도신경 2. 주기도문 3. 십계명 4. KWY 하나님의 사람 단박에 따라잡기 5. 제자훈련 시리즈 1 복습 6. KWY 청소년 성경 공부 시즌 3 하나님과 믿음의 교제 다져 가기 1	『성경을 사랑합니다』 『너무 바빠서 기도합니다』 『기도하지 않으면 죽는다』 『진노하시는 하나님의 손안에 있는 죄인』(조나단 에드워즈 1) 『천국은 사랑의 나라입니다』(조나단 에드워즈 5) 『차마 신이 없다고 말하기 전에』 『에릭 리들』 『놀라운 하나님의 은혜』 『기독교 신앙의 5가지 기둥』 『순전한 기독교』	『꿈꾸는 10대 위한 하나님의 약속』(매주, 35구절씩) 잠언 1장부터 암송	5장	30분	3회
주일-1	하나님과 믿음의 교제 시작하기 (1-6과)	『흔적』 『야베스의 기도』 『평생 감사』	시 125편, 126편, 127편, 128편, 130편	5장	30분	3회
주일-2	하나님과 믿음의 교제 시작하기 (7-12과)	『무릎 꿇는 그리스도인』	시 62:1-12, 119:1-16	5장	30분	3회
주일-3	하나님 안에서 먹고 기도하고 사랑하기 (1-6과)	『너무 바빠서 기도합니다』	롬 8:1-17	5장	30분	3회
주일-4	하나님 안에서 먹고 기도하고 사랑하기 (7-12과)	『기도하지 않으면 죽는다』	롬 8:18-39	5장	30분	3회
주일-5	하나님과 함께 세상 속으로 들어가기 (1-6과)	『진노하시는 하나님의 손안에 있는 죄인』(조나단 에드워즈 1) 『천국은 사랑의 나라입니다』(조나단 에드워즈 5) 『차마 신이 없다고 말하기 전에』 『에릭 리들』	『큰 글 주제별 60』 12개씩	5장	30분	3회
주일-6	하나님과 함께 세상 속으로 들어가기 (7-12과)		『큰 글 주제별 60』 12개씩	5장	30분	3회
주일-7	하나님의 사람 단박에 따라잡기		『꿈꾸는 10대 위한 하나님의 약속』	5장	30분	3회
주일-8	제자훈련 시리즈 1 복습		『꿈꾸는 10대 위한 하나님의 약속』	5장	30분	3회
주일-9	KWY 청소년 성경 공부 시즌 3 하나님과 믿음의 교제 다져 가기 1	『놀라운 하나님의 은혜』 이후에는 드림하이와 동일한 커리큘럼으로 진행	『꿈꾸는 10대 위한 하나님의 약속』 잠언 암송	5장	30분	3회

3. 청소년들이 자발적으로 복음을 전하는, 소통이 있는 전도

왜 그냥 전도라고 하지 않고, '소통이 있는 전도'라는 표현을 사용했을까? 전도는 누가 시켜서 되지 않는다. 또한 강단에서 선포된 말씀에 모두가 은혜를 받고 곧장 밖에 나가서 세상의 영혼을 다 전도해 오는 일은 있을 수 없다. 전도는 자발적으로 이루어지는 것이다. 교회에서 예배를 통해서 은혜 받은 학생들이 주님을 알지 못하는 안타까운 영혼들을 향해 자발적으로 헌신하는 마음으로 이루어지는 것이 전도인 것이다. 드림교회 청소년부의 전도는 마음이 움직인 학생들이 자발적으로 하고 있기에 과연 '소통이 있는 전도'라고 할 수 있다.

한번은 청소년부에 어떤 고등학교 학생들이 갑자기 배가 된 일이 있었다. 전원 기숙사 생활을 하는 학교의 학생들이어서 격주로 집에 가기에, 집에 가지 못한 학생 10여 명이 우리 교회에 출석하곤 했다. 그런데 몇 주 만에 그 수가 20여 명으로 늘어난 것이었다. 의아한 마음에 학생들에게 물어봤더니 이렇게 답했다.

"목사님, 예배를 통해서 은혜를 받으니까 주일날 기숙사에 있으면서 교회에 안 다니는 친구들이 생각이 났어요. 그래서 저희가 스스로 포스터를 만들어서 주일날 교회에 갈 학생들을 모았어요."

그들에게 친구들을 전도하라고 시킨 적은 한 번도 없었다. 그런데 알아서 전도한 것이다. 이것이 바로 소통이 있는 전도다.

1) 왜 전도가 중요한가?

학생들의 믿음의 성장은 반드시 전도라는 열매로 이어지게 된다. 주님 사랑 실천의 결국은 영혼 구원이기 때문이다. 전도는 믿음 성장의 큰 열매이며, 동시에 교회에 생명력을 주는 일이다. 새로 전도된 영혼이 주님을 만나고, 이후 교회에서 양육되고 제자가 되어서, 또 누군가를 전도하게 된다. 이 과정이 있어야 청소년부가 생명력을 갖게 되고, 역동성이 있게 된다. 반대로 1년 내내 새로운 얼굴이 없다면, 그 교회는 죽은 교회나 다름없다.

많은 교회의 청소년부는 전도에 대한 부담감이라는 큰 장애물을 안고 있다. 특별히 최근에는 많은 청소년이 학교와 학원에 시간을 뺏겨서 교회에 나올 시간이 없다. 하지만 이 지역에 있는 믿지 않는 고등학생 500명을 대상으로 한 설문조사 결과는 좀 다르게 나왔다.

자료 6

학생들이 종교를 갖기 싫어하는 이유

1위: 종교 자체가 싫어서(48%)
2위: 유익이 없다고 생각해서(22%)
3위: 재미가 없어서(9%)
4위: 공부 때문에(7%)
5위: 부모님이 반대해서(2%)

학생들이 교회에 나오지 않는 이유는 공부가 주된 요인이 아니었다.

종교 자체가 싫고, 유익도 없다고 생각하고, 재미가 없다는 이유가 무려 79%에 달했다. 교회에 나오고 싶은 이유만 생긴다면 언제든지 학생들은 교회에 올 수 있다는 뜻이다.

2) 반드시 학교로 가야 한다

청소년들을 전도하기 위해서는 청소년들이 있는 곳으로 가야 한다. 미국의 청소년 사역자 차드 차일즈(Chad Childs)는 "청소년 부흥은 전도밖에 없는데, 이를 위해서는 청소년들이 있는 곳으로 가서 그들을 만나야 한다"라고 말했다.

지금 청소년들은 대부분의 시간을 어디에서 보내는가? 청소년들이 하루에 최소 8시간, 많게는 15시간을 보내는 곳, 즉 1년에 최소 10개월 이상을 보내는 곳이 어디인가? 자기 방이 아니라 학교다. 청소년들이 대부분의 시간을 학교에서 보내고 있다면, 우리는 반드시 그곳으로 가야 한다. 반드시 학교 전도를 해야 한다.

드림교회 청소년부는 매일 학교를 향해서 달려간다. 교역자와 교사가 팀을 이루어 지정해 놓은 학교로 매일 달려간다. 특별히 점심 시간과 하교 시간을 이용해서 학생들을 만나고, 또 만난다. 그리고 그곳에서 만난 학생들이 주일이면 교회로 곧잘 오곤 한다.

3) 관계 전도를 하라

청소년들은 낯선 사람들을 상당히 경계한다. 그런데 무턱대고 교복 입은 학생에게 '4영리' 등으로 복음을 증거하면 받아들일 확률이 극히

적을 수밖에 없다. 그래서 드림교회에서는 청소년부 아이들의 친구를 만나는 관계 전도에 집중한다.

특별히 '배라 타임'이라는 프로그램이 있다. 학생들 가운데 배○○○ ○○ 아이스크림을 먹고 싶은 친구를 주보를 통해서 신청을 받는다. 자격은 누구나이며, 인원수에도 제한이 없다. 단, 교회에 다니지 않는 친구가 1명은 끼어 있어야 한다. 보통 배라 타임을 시작하면, 많게는 하루에 3팀도 만난다. 물론 이때 믿지 않는 친구에게 교회에 오라고 한다든지, 복음을 전하는 등의 행동은 아직 하지 않는다. 그냥 아이들과 재미있게 한 시간 놀아 준다. 그렇게 1–2주가 지나면 그때 만났던 믿지 않는 친구가 교회에 와 있는 것을 보게 된다.

전도는 관계적이어야 한다. 친구 관계가 가장 중요한 시기인 청소년기에는 더욱 관계 전도에 집중해야 한다.

4) 학교 전도는 어떻게?

드림교회에서 진행되고 있는 학교 전도도 관계 전도 방법을 이용한다. 학교 전도는 다음과 같은 순서에 의해서 이루어진다.

(1) 행정 팀에서 학교를 분류한다

학교 중에서는 미션 스쿨과 같이 기독교에 호의적인 학교가 반드시 있다. 미션 스쿨은 교내에서 전도 활동을 해도 아무런 문제가 되지 않는다. 또한 미션 스쿨은 아니지만 학교 근처에서 우리 교회 학생들을 만나고 관계를 형성하는 데 문제가 되지 않는 학교들이 꽤 많이 있다.

마지막으로, 교회 하면 아주 싫어하는 학교가 있다. 이러한 경우는 학교와 관련된 분들이 보이지 않는 곳에서 학생들을 만나고 전도를 한다. 때로는 학교 인근 카페나 핫도그 집에서 모임을 갖기도 한다.

(2) 학교 대표를 세운다

학교마다 성격 좋고 리더십 있는 학생을 대표로 세운다. 그리고 해당 학교에 갈 때마다 그 학생에게 연락하고 친구들을 모으는 역할을 맡긴다. 학교 대표를 통해서 학교 모임 장소와 날짜와 시간을 정한다. 학교 대표가 교회 친구들에게 내용을 전달하면, 교회 친구들이 자기 친구들을 모임 장소로 데려온다.

(3) 교회 전도 팀은 간식을 준비한다

청소년부 안에는 반드시 학교 전도 팀이 필요하다. 인원이 많지 않아도 된다. 대신 매일 헌신할 수 있는 교사들이 필요하다. 교사들은 학생들에게 줄 간식을 준비하고 일정에 맞춰서 학생들을 만나러 간다.

(4) 교역자는 이렇게 하면 된다

우선 오는 학생들을 잘 챙겨 준다. 간식도 필요하면 2-3개씩 넉넉하게 주는 인심을 발휘한다. 그리고 모임은 길게 할 필요가 없다. 필요한 이야기만 하고, 학생들을 위해서 짧게 기도하고 보낸다.

학교 방문은 여러 가지 효과를 발휘한다. 첫째, 우리 교회 학생들에게 믿음에 대한 자부심을 심어 주고 격려해 준다. 그래서 그들이 담대하게 친구들을 전도할 수 있는 마음을 불어넣어 준다. 둘째, 학교에 가면 반드시 교회에 다녔던(지금은 다니지 않는) 학생을 만나게 된다. 그 학생과 다시 접촉점을 갖게 되고, 교회로 인도하기가 쉬워진다. 셋째, 교회에 오고는 싶지만 누군가가 전하지 않아서 교회에 오지 못하는 학생들이 의외로 많다는 사실을 알게 되면서 구령에 대한 열정이 더 커진다.

5) 소통이 있는 전도 프로그램

청소년 사역에서는 전도 프로그램도 매우 중요하다. 드림교회 청소년부는 1년에 2회 전도 집회를 갖고 있다. 봄에는 학교 전도를 충분히 끝낸 시점인 5월 마지막 주에 진행하고, 가을에는 가을 학교 전도를 충분히 끝낸 10월 마지막 주에 진행한다.

먼저 전도 집회는 준비 과정이 상당히 중요하다. 학교 방문을 할 때 전도 집회 때 꼭 놀러 오라고 학생들에게 홍보를 한다. 그리고 각 학교마다 전도 집회 포스터를 부착하고, 해당 학교 학생들에게 전도용 선물과 초대장을 나눠 준다.

이때 교회 학생들에게 조언하는 말이 있다. "친구들에게 교회 가자고 하기보다는 축제에 놀러 가자고 말해 주세요." 그러면서 우리가 하는 행사가 각 학교에 축제가 있듯이 교회에서 열리는 축제라고 하면서, 정말 재미있을 것이라고 강조하게 한다. 실제로 전도 축제에 참석한 학생들이 종교적인 이질감이나 거부감을 느끼지 못하도록 기획함으로 지속적으로 교회에 올 수 있는 길을 열어 두었다.

구체적으로 드림교회 청소년부 전도 축제의 몇 가지 원칙은 이렇다.

(1) 전도 축제는 반드시 주일 예배 시간에 진행한다

전도 축제를 주일 예배 시간에 진행하는 것이 학생들을 재차 교회로 인도하기에 가장 쉽다. 또한 이미 다른 교회에 다니고 있는 학생들을 배제할 수 있다.

(2) 새신자가 반응을 보일 만한 형식과 방법을 추구한다

드림교회 청소년부가 주일 예배 시간에 드리는 전도 프로그램을 처음 보면 '이것이 예배냐?'라는 생각이 들 수 있다. 기존 예배와는 완전히 다른 형식을 추구하기 때문이다. 미국에서 구령의 열정이 뛰어나고 젊은이들이 모이는 교회들을 보면 전통 교회는 거의 없다. 그들은 기존 교회의 입장에서 "저기도 교회냐?", "저것도 예배냐?"라는 말이 나올 만큼 새로운 스타일을 추구했다.

최근 우리나라 청소년들이 전도가 안 되는 이유는 어찌 보면 프로그램이 너무 구태의연하기 때문이 아닌가 한다. 필자가 만 8년 만에 귀국해서 느낀 것은 한국 교회는 그대로라는 것이었다. 특히 교육부서에는 전혀 변화가 없었다.

(3) 청소년들의 문화 코드를 읽는다

요즘 영혼을 구원하는 일은 결코 쉽지가 않다. 교회는 최소한 현대의 문화 코드를 읽고 청소년들이 원하는 것을 제공해 주어야 하며, 그 가운데 복음을 넣어야 한다.

　몇 년 전 TV에서 스타 오디션 "위대한 탄생"이라는 프로그램이 시작할 때 주일 예배에 그대로 적용해 보면 좋겠다는 생각이 들었다. 그래서 그 프로그램과 같은 패턴으로 교회에서 한 팀씩 탈락시키면서 전도 프로그램을 진행했는데, 완전히 대박이 났다. 공연도 잘했어야 했지만 참여한 학생들에 대한 평가가 현장 투표로 이루어졌기에 자신에게 투표해 줄 친구들을 많이 전도해 온 학생이 유리한 시스템이었다. 이날 주일 아침 9시 30분에 새로 온 학생만 약 350명 정도 되었다.

(4) 새로 온 학생들에게 교회에 대한 부담을 주지 않는다

　전도 축제를 하는 동안에는 교회에 처음 온 학생들이 전혀 부담을 느끼지 않도록 신경 써서 프로그램을 진행한다. 학생들과 최대한의 공감대를 형성하려고 재미있게 준비한다. 어떻게 해서든지 교회의 문지방을 낮춰서 교회에 오게끔 하려는 것이 목표이기 때문이다. 한 번 교회에 온 학생들은 두 번 교회에 오는 것이 그리 어렵지 않다. 예배 형식에 큰 변화를 준다는 것이 부담스럽지만 천하보다 귀한 영혼을 위해서는 충분히 해야 할 일이라고 믿는다.

(5) 과도한 예산을 쓸 필요가 없다

　학생 전도 축제는 학생들의 코드를 잘 읽어 진행해야 한다. 학생들이 무엇을 원하고 좋아하는지 잘 알면 충분히 자체적으로 준비가 가능하다. 그러면 과도한 예산을 쓸 이유가 하나도 없다. 유명 연예인을 초청하지 않아도 충분히 학생들을 모을 수 있고, 과도한 경품을 내걸지 않아도 학생들을 전도할 수 있다.

우리 교회는 처음 교회에 온 학생들에게 문화상품권을 준다는 등 상품을 남발하지 않는다. 한 아이가 아무리 많이 전도해도 현찰이나 과도한 상품으로 보상하지 않는다. 단지 많은 학생이 한 명이라도 전도할 수 있는 분위기를 만드는 데 주력한다.

(6) 학생들의 자발적인 참여가 이루어지게 한다

드림교회 청소년부 전도 축제의 가장 큰 특징은 학생들이 자발적으로 전도 행사를 준비하고 이끌어 간다는 것이다. 청소년들이 홀로 해낼 수 있는 일들이 상당히 많이 있다. 우선 포스터부터 콘테스트를 열어 공모한다. 그러면 학생들이 자체 제작에 들어간다. 요즘 웬만한 학생들은 포토샵을 기본으로 한다. 미적 감각이 뛰어난 학생들이 상당히 많다. 학생들은 자신의 포스터가 후보에 오르는 것만으로도 감사해한다. 교회에 포스터들을 붙여 놓고 학생들끼리 자발적으로 투표를 한다. 이로써 많은 학생이 자발적으로 전도 축제에 관심을 갖게 된다.

그리고 당일 프로그램에 대해서는 "위대한 탄생"이라는 프로그램처럼 프로그램의 장르를 최대한 넓혀 학생들이 자발적으로 참여할 수 있도록 유도한다. 학생들이 예상보다 적게 신청한 적은 한 번도 없었다. 개인이나 그룹이나 반으로 출전이 가능한데, 어떤 반은 자체적으로 영화를 제작하기도 했다. 완성도가 꽤 높았다. 학생들이 준비한 공연이 끝나면 참석한 학생들이 투표를 해 우승 팀을 선정한다. 우승 팀에게 주어지는 것은 간단한 회식비 정도다.

학생들이 한번 전도 축제의 분위기를 타자 자발적으로 프로그램에 동참했다. 또 자신들이 공연하는 모습을 친구들에게 자랑하고 싶어서 자발적으로 전도도 많이 했다. 보통 전도 축제 때는 평소 출석의 2배 정도의 학생들이 교회에 온다. 한 번만 오는 아이들도 있지만 개의치 않는다. 한 번 교회에 온 것을 귀하게 여기고, 다음 전도 축제 때만이라도 꼭 볼 수 있기를 학수고대한다.

드림교회 해피데이(전도 집회)의 특징
- 학교 방문 때 충분한 홍보의 시간을 갖는다.
- 해피데이는 드림교회 청소년부 축제의 장이다.
- 예능보다 재미있고, 콘서트보다 더 큰 감동을 준다.
- 연예인을 특별 강사로 절대 초청하지 않는다.
- 학생들이 자발적으로 모든 프로그램의 주체가 되고, 친구들을 초청한다.
- 상품이나 선물에 너무 많은 예산을 투자하지 않는다.
- 해피데이 당일, 출석 학생의 2배는 오도록 한다.

4. 매일 학교에서 하나님을 예배하는, 스쿨처치

드림교회 청소년부의 두드러진 특징 중 하나는 학교 사역이다. 2012년부터 시작한 학교 기도 운동은 지금 전국적으로 큰 영향력을 행사하고 있다. 학교 기도 운동을 시작하게 된 데는 3가지 동기가 있었다.

첫째, 믿는 학생들이 학교에서 그리스도인답게 살게 하기 위해서였다. 실제로 그리스도인 학생들의 삶이 믿지 않는 학생들의 삶과 아무런 차이가 없다. 똑같이 욕하고, 똑같이 음담패설하고, 똑같이 이기적이고, 똑같이 싸운다. 아마 딱 한 가지 차이가 있다면, 주일에 예배드린다는 점일 것이다. 그래서 믿는 학생답게 살게 하려고 시작한 것이 학교 기도 운동이었다. 학생들이 학교에서 기도하게 되면 믿음이 드러나기 때문에 행동을 상당히 조심하게 된다. 전에 없었던 신앙과 행동의 일치가 이루어지게 된다.

둘째, 대한민국 교육의 현실에 답이 없기 때문이었다. 필자는 청소년 교육을 전공한 사람으로서 대한민국 청소년 교육의 비통함을 늘 보고 있다. 대한민국의 공교육 붕괴라는 문제, 그리고 득세한 어마어마한 사교육 문제는 어떠한 정치인도, 교육가도 해결하지 못할 것이다. 특별히 더 이상 교육 기관으로서의 모습을 상실한 참 교육의 실현 방법은 어른 세대를 중심으로 한 제도권을 통해서는 힘들다. 그래서 찾은 것이 학생들의 자발적인 기도다. 믿는 학생들이 학교에서 간절히 기도할 때 어른들이 감히 하지 못했던 학교의 개혁이 일어날 것으로 믿는다. 오늘도 학생들은 이 내용을 기도 제목으로 삼아 학교에서 기도하고 있다.

셋째, 학교가 너무나도 죄로 물들어 있고 타락했기 때문이다. 얼마나 많은 비행이 학교에서 발생하고 있는가? 청소년들의 학교 폭력은 이미 수위를 넘은 지 오래다. 학교 폭력에서 시작해 왕따가 나오고, 자살까지 연결된다. 죄악이 가득한 대한민국의 학교는 이미 학교 본연의 모습을 잃었다. 이에 우리는 학교의 원래 모습의 회복을 위해서 함께 기도하고 있다.

2012년 겨울 수련회 때였다. 저녁 집회를 드리면서 "학교가 곧 교회다!"라는 메시지가 학생들의 마음을 울렸고, 학생들은 학교마다 교회를 세우기 시작했다. 먼저는 고등학교에서 기도 모임 운동이 일어났다. 특별히 학생 임원들이 주축이 된 두 학교에서 매우 뜨겁게 기도 모임이 발발했다. 이후 예배 시간마다 학교에 교회 세우기 운동을 결단했고, 약 2년 만에 거의 모든 고등학교에 기도 모임이 만들어졌다. 그 이후에는 중학교로 기도 모임이 흘러 내려갔고, 급기야는 초등학교까지 기도 모임이 만들어지기 시작했다.

지금은 거의 모든 학교에 기도 모임이 있고, 학생들이 매일 학교에서 하나님을 예배하고 있다. 따라서 학교가 교회가 된 것이다. 학교 기도 모임에 대한 조금 더 구체적인 내용은 다음과 같다.

1) 학교 기도 모임에 대한 몇 가지 원칙

(1) 학생들이 스스로 진행한다

학생들이 자발적으로 기도 모임을 만들고 직접 인도한다. 교역자나 교사가 관여하지 않는다. 다시 말하지만, 청소년부에 필요한 것은 소통이다. 학생들과 교역자가 소통하면 학생들은 자발적으로 움직인다. 그래서 학생들끼리 스스로 기도 모임을 세워 가도록 독려만 할 뿐 관여하지 않는다.

(2) 학교마다 기도 인도자를 세운다

믿음이 좋고, 학교에서 덕이 될 만하며, 리더십 있는 학생으로 기도 인도자를 세운다. 학교 기도 인도자의 리더십은 교회 활동과는 좀 무관한 편이다. 학교에서 인정받는 학생이 기도 인도자가 되는 것을 원칙으로 한다. 그래야 학교 기도회가 살아 움직일 수 있기 때문이다. 때로 교회에서는 두드러지지 않던 학생이 학교 기도 인도자로서 활발하게 활동하는 모습을 보게 된다.

(3) 학교 기도회는 매일 한다

주로 점심 시간이나 저녁 식사 시간을 이용한다. 일주일에 한 번씩 모여서 기도하면 상당히 쉬울 것이다. 하지만 금방 열정을 상실해 모임이 유야무야되는 경우가 많다. 학생들이 점심 시간에 놀 것이 얼마나 많은가. 그래서 아예 처음부터 매일 모이기로 하고, 날마다 영적인 삶을 점검하는 것을 생활화하고 있다.

(4) 학교 기도회 장소는 어디서나 가능하다

학교 기도회 장소는 학교에서 협조해 줄 경우 음악실이나 교실을 이용하고, 학교에서 지원해 주지 않으면 빈 공간이나 운동장에서 한다.

학교 기도회는 교장 선생님이나 교직원들의 지원이 있으면 솔직히 쉽다. 하지만 그 지원이 꼭 좋은 것만은 아니다. 왜냐하면 어른들이 도와주면 아이들의 야성이 사라지기 때문이다. 또한 교직원들은 학교를 옮기기 때문에 몇 년 후까지 기도 모임이 잘 지속되리라는 보장도 할 수 없다. 그래서 학교의 지원과 협조가 없어 장소를 구하지 못하면 옥상 기도회를 연다. 그 기도회의 이름이 '헤븐 터치 기도회'다. 운동장에서 기도하기도 하는데, 그 이름이 '랜드마크 기도회'다. 이로써 어디서든 기도할 수 있다는 사실을 학생들에게 불어넣어 주고 있다.

(5) 학년 기도 모임의 대표는 학년마다 한 명씩 정한다

학교 기도 모임의 대표는 학년마다 한 명씩 정해서, 선배로부터 후배들에게 인수인계가 이루어지게 한다. 비록 정식 동아리는 아니지만 학생들끼리 조직을 결성하도록 한다. 그래서 기도 모임이 계속 연계될 수 있도록 독려한다. 많은 경우 3학년 2학기가 되면, 3학년 학생들이 후배 기도 인도자를 위해서 간절히 기도하는 모습을 보게 된다.

(6) 누구나 참여할 수 있다

학교 기도회는 드림교회 학생뿐 아니라 누구나 함께 기도할 수 있는 열린 공간이다. 드림교회가 도시에서 가장 크고 학생들이 많기 때문에 구심점을 행사하기에 좋다. 하지만 드림교회만의 기도회로 국한하지 않는다. 기독교의 정신은 연합이기 때문이다. 교회는 각각 다르지만 학교에서는 모두가 한 교회가 된다. 그래서 많은 다른 교회 학생들이 지금 함께 기도회에 동참하고 있다.

2) 학교 기도회의 열매

지금까지 6년간 학교 기도회가 지속되면서 학생들 안에 많은 간증이 넘쳤다. 그것이 학생들에게 더 큰 힘이 되어서 그들은 학교에서도 믿음으로 승리자로 살아가고 있다.

한 학교에서는 기도 모임이 매우 잘 진행되어서 몇 달 만에 30명이 모여서 기도했다. 그런데 교감 선생님이 이 기도회를 싫어해 해산시키려고 준비하셨다. 학생들은 이에 굴하지 않았고, 마치 바벨론의 다니엘처럼 정한 시간에 계속 기도했다. 그런데 갑자기 보직 발령이 나서 교감 선생님이 해임되셨고, 새로 믿음 있는 교감 선생님이 오셨다. 학생들은 이 일이 결코 우연이 아니라고 믿었다. 기도의 힘이 얼마나 강한지 직접 체험한 사건이었다.

또한 학생들이 저녁마다 모여서 기도하는 학교가 있다. 그런데 그들은 '좋은 대학', '좋은 입시 성적'을 위해 기도하지 않았다. '오직 하나님 나라의 실현', '오직 하나님의 통치', '교직원과 학생들의 성숙과 변화'라는 기도 제목을 붙들고 기도했다. 그런데 그 학교 학생들이 한 학기 동안 간절히 기도한 다음에 도에서 두 번째로 높은 입시 성과를 거두었고, 마침내 국가에서 표창까지 받는 열매를 경험하게 되었다. 마태복음 6장 33절, "그런즉 너희는 먼저 그의 나라와 그의 의를 구하라 그리하면 이 모든 것을 너희에게 더하시리라"라는 말씀이 그대로 실현되었던 것이다.

학교 기도회는 학생들의 영적인 성숙으로 연결되었고, 결국 전도로 열매 맺었다. 드림교회 청소년부는 매년 성장하고 있다. 그 배경에는 강력한 학교 기도회가 있다.

한번은 모 중학교 점심시간에 학생들을 만나러 갔다. 우리 교회 학생들이 교회에 다니지 않는 친구들을 초청하는 모임이었다. 그때 학생들이 구름 떼처럼 몰려왔는데, 약 400명이나 되었다. 그들에게 준비한 메시지를 전달한 후 간식을 주고 왔다. 그날 깜짝 놀랐다. '어떻게 그렇게 많은 학생이 모일 수 있었는가?' 그 학교 학생에게 물어봤더니, 학교에서 기도하는 학생들이 점심시간마다 금식하면서 기도했다고 했다. 자기 학교 학생들이 구원받게 해달라고 간절히 금식기도한 열매가 나타난 것이었다.

드림교회 청소년부는 정말 행복한 청소년부다. 주일날 학생들의 얼굴에서 행복이 보인다. 교사들의 사역 속에 행복이 느껴진다. 교역자와 교사가, 교사와 학생이 서로 소통하고 있기에 행복하지 않을 수 없다. 그리고 그 행복은 매년 성장이라는 열매를 가져다주고 있다. 이러한 성장은 단순히 수적이지 않다. 학생들의 믿음이 날로 성장하고 있기 때문이다. 학생들은 교회의 예배의 주역, 봉사의 주역, 섬김의 주역들로 매년 성장하고 있다. 우리는 자부한다. 대한민국 넘버원 청소년부는 바로 우리 드림교회 청소년부라고!

PART. 5

모였다 흩어지기를 반복하는 여호수아 청년부

청년부는 영성, 지성, 야성을 겸비한
차세대 리더들을 세우는 훈련소다

이 준 탁 목사

청년들을 먹여 살리기 위해서 기꺼이 자신의 삶을 포기할 수 있는 열정의 사역자다.
또한 교육 콘텐츠 개발에 특별한 은사를 가지고 있다.
현재 드림교회에서 청년1부와 초등부를 담당하고 있다.

고신대학교 기독교 교육학(B.A)
고신대학교 대학원 기독교 교육학(M.A)
칼빈대학교 신학대학원(M.div)
gosongengineer@hanmail.net

군산은 인구 28만 명이 채 되지 않는 작은 도시다.
4년제 대학교로는 군산대학교가 유일하고,
젊은이 문화가 거의 보이지 않아서 청년들이 모이기에
매우 힘든 도시라고 볼 수 있다.
이러한 열악한 환경 속에서 드림교회 청년부에는
재미난 현상이 있다.
분명히 대학교를 서울, 대구, 광주 등으로 진학했는데,
주일이면 그 청년들을 다시 보게 되는 것이다.
드림교회 청년부의 별칭인 '여호수아 청년부' 공동체를
사모하는 마음을 가지고 매주 고향 교회에 와서 예배드리고 가는
청년들이 꽤 많다.

군산은 인구 28만 명이 채 되지 않는 작은 도시다. 4년제 대학교로는 군산대학교가 유일하고, 젊은이 문화가 거의 보이지 않아서 청년들이 모이기에 매우 힘든 도시라고 볼 수 있다. 특히나 교회 청년들이 다니는 대학교들이 대부분 군산 밖에 있기 때문에 청년부 내에 응집력을 갖기가 무척이나 힘들다. 젊은이들은 틈만 나면 가까이는 전주, 멀리는 서울로 떠나기를 원한다. 따라서 군산 시내 600개 교회 가운데 청년들이 100명 이상 모이는 교회는 드림교회뿐이다.

이러한 열악한 환경 속에서 드림교회 청년부에는 재미난 현상이 있다. 분명히 대학교를 서울, 대구, 광주 등으로 진학했는데, 주일이면 그 청년들을 다시 보게 되는 것이다. 드림교회 청년부의 별칭인 '여호수아 청년부' 공동체를 사모하는 마음을 가지고 매주 고향 교회에 와서 예배 드리고 가는 청년들이 꽤 많다.

주일 3부 예배(청년 예배) 때 드럼을 쳤던 한 형제는 대학교 4년 내내 주말마다 군산과 서울을 통학했다. 뿐만 아니라 청년부 리더로, 임원으로 섬기면서 자신의 20대를 송두리째 드림교회 여호수아 청년부에 헌신했다.

이처럼 여호수아 청년부에는 하나의 전통이 있다. 타지로 가더라도 웬만하면 다시 드림교회로 모이는 것이다. 이 일은 10여 년 전에, 공주와 청주에서 대학교를 다니던 선배 청년들이 주인의식을 가지고 자기 교회를 섬기겠다는 마음에서 시작되었다. 장거리 통학으로 인한 재정적, 시간적, 체력적 한계를 극복하고 교회와 청년부를 섬기겠다는 생각에 모이고 흩어지기 시작했다. 이러한 선배 청년들의 모습이 후배 청년들에게 고스란히 전달되었다. 이 전통은 장래에도 계속될 것이다.

통계적으로 볼 때, 청년들이 학기 중에 타 지역에 머무르는 비율은 18% 정도다. 나머지 82% 정도는 주말이면 다시 교회로 모인다. 이것이 모였다가 흩어지고, 흩어졌다가 다시 모이는 드림교회 여호수아 청년부의 부흥의 힘, 역동적 사역의 동력이라고 할 수 있다.

1. 영적 야성이 넘치는 청년부의 비결, 예배와 기도

'야성'(野性)이란 '자연 또는 본능 그대로의 성질'이다. 인간의 야성은 그대로 두면 하나님을 대적하는 본능이나 성질일 수밖에 없다. 하지만 하나님을 대적하는 야성을 영적인 야성(野聖)으로 바꾸면 하나님의 꿈을 이루는 사람으로 세워질 수 있다.

지금 여호수아 청년부에는 영적인 야성으로 무장한 청년들이 넘쳐 나고 있다. 그 비결은 다음과 같다.

일차적으로는 예배에 대한 사모함이다. 여호수아 청년부 예배의 특징은 프로 찬양 팀 못지않은 찬양 팀이 찬양을 인도한다는 것이다. 찬양 팀의 이름은 '브레스'(breath)다. '브레스'는 성령님을 의미한다. 이를 예배와 연결해 보면, 청년들이 성령 안에서 드리는 예배를 추구하며,

성령께서 주시는 새 호흡을 회복하는 예배를 추구한다는 의미를 담고 있다.

브레스 찬양 팀은 찬양을 준비하기 위해 토요일에 5시간 정도 연습을 한다. 악기 팀과 보컬 팀으로 나누어 연습한 후 함께 모여서 하모니를 이루는 연습을 한다. 한 곡을 완벽하게 소화할 때까지 연습에 연습을 반복하면서 영성과 실력을 갖추어 나가고 있다.

설교는 담임목사님이 하신다. 수영로교회와 왕성교회에서 긴 시간 청년 사역을 담당하신 베테랑 청년 사역자 출신답게, 청년들의 눈높이에 맞는 설교를 하신다. 특별히 담임목사님의 목회 철학의 근간이 되는 기독교 세계관과 사역의 조화를 바탕으로, 청년들에게 장년 성도와 같은 물줄기가 흘러 도전이 되는 메시지가 전달된다.

또한 청년들의 자발적인 기도 모임인 '함께 기도회'(T. P.: Together Prayer) 때문이다. 금요일 저녁에 진행되는 이 기도 모임의 시작은 청년들의 자발적인 기도 운동이었다. 처음에 몇몇이 모여서 기도하던 것이 이제는 찬양 팀(히엘 찬양 팀)을 구성하고, 말씀이 선포되고, 청년부 현안과 교회를 위해서 기도하는 시간이 되었다.

청년들의 기도는 여기서 그치지 않고, 정기적으로 바닷가에 나가서 기도하는 '바다 기도회'로 확산되었다. 군산에는 대규모 방파제인 새만금이 있는데, 바다를 막아 놓은 것이기 때문에 밤에 나가면 어마어마한 수준의 파도와 바람을 경험하게 된다. 그 거센 바람과 파도를 맞으며 한쪽에서 청년들이 소리 높여 기도한다. 심지어 비가 오는 날에도, 눈이 오는 날에도 굴하지 않고 기도함으로 청년들의 야성이 길러지고 있다.

아울러 담당 목회자들의 영적 카리스마가 야성을 만드는 데 한몫하고 있다. 드림교회 청년 교역자들은 아침이건 한밤중이건 청년들이 있는 곳이면 달려 나간다. 그리고 청년들의 문제를 자기 문제로 인식하고 함께 울고 웃는다. 이처럼 열심히 사역하는 청년 사역자들의 모습에 감동 받은 청년들은 간혹 깜짝 감동을 주곤 한다.

언젠가는 늦은 밤 집에 도착하자 청년들이 보낸 작은 선물과 편지가 놓여 있었다. "목사님의 헌신에 보답할 길이 없어서 이것이라도 놓고 갑니다." 이처럼 목회자들의 야성이 청년들에게 전가되어 청년들이 역동성을 발휘하고 있다.

2. 공동체에 대한 남다른 사랑으로 흩어졌다 모이는 청년들

청년 사역에서 갈수록 힘든 부분은 '공동체 의식'이나 '지체 의식'을 갖는 문제일 것이다. 그럴 수밖에 없는 이유가 현 시대에 청년들이 접하고 있는 상황 때문이다. 청년 실업자는 계속 늘어나고, 취업의 관문을 뚫기가 너무나도 힘들다. 그래서 청년들은 시간만 나면 스펙 쌓기에 열을 올린다. 또한 경제적으로 어렵기 때문에 많은 청년이 대학교 시절에 아르바이트를 해야 한다. 졸업 후 마땅한 직장이 아직 없어도 최소 아르바이트는 해야 한다.

또한 요즘 20대 청년들은 형제가 둘이거나 외동이기 때문에 이기적인 마음이 강하다. 그러한 환경 속에서 청년들에게 무작정 공동체 의식을 심기란 여간 힘든 일이 아니다. 특별히 대부분의 청년들이 타지에 나가 있는 상황에서는 더더욱 그렇다.

그래서 청년 사역자들이 가장 먼저 시작한 것은 청년들이 있는 곳이라면 대한민국 어디든지 찾아가는 캠퍼스 및 직장 심방이다. 매 학기가 시작되면, 교역자와 부장과 필요하면 임원들이 캠퍼스 심방을 한다. 캠퍼스에서 만나 신앙에 대한 대화와 전공과 진로에 대한 이야기를 나누면서, 비록 멀리 있지만 공동체 의식을 심어 주고자 노력한다.

중간고사나 기말고사 때는 전북권에 있는 대학교를 중심으로 시험 기간 중에 야식 배달 이벤트를 한다. 청년 목장별로 청년들이 모여 있는 곳이면 어디든 찾아가서 치킨 등 야식을 제공해 주며 우리가 여전히 함께하는 공동체라는 정신을 제공한다. 이처럼 캠퍼스 심방을 통해서 교회에서 자주 보지 못하는 어려움을 극복하고 있으며, 청년 지체들의 공동체 의식을 강화시키고 있다.

드림교회 여호수아 청년부에 공동체 의식이 잘 세워진 데는 또 다른 요인이 있다. 드림교회 청년부는 회장 등 중요 보직을 맡게 되면, 공동체에 올인한다. 학교를 휴학한 청년도 있었고, 아르바이트를 쉬는 청년도 있었다. 자기 희생을 통해 공동체를 세워 가겠다는 정신 덕분에 가능한 것이다. 특별히 여호수아 공동체의 임원으로 발을 내딛게 되면 1년으로 끝내지 않고 최소 2-3년씩 섬기는 경우도 종종 있다.

선배 청년들 안에 자리 잡은 공동체 의식이 자연스럽게 후배들에게 전수되었다. 이를 통해 오늘도 여호수아 청년부는 든든히 서 가고 있다.

3. 교회 구석구석을 섬기며 헌신하는 청년부

드림교회 여호수아 청년부는 단지 양육의 대상만이 아니라 성인으로서, 성인 교인과 동일한 권리를 갖고 있다. 드림교회 청년들은 이러한 의식을 가지고 교회 구석구석을 섬기고 있다. 교회와 동떨어진 청년 교회가 아니라, 교회라는 몸 안에서 하나의 지체인 것이다.

특별히 20대 초반의 대학생들 가운데 교회학교 교사로 봉사하는 경우가 많다. 청년1부의 50% 정도가 영아부, 유치부, 유년부, 초등부, 소년부, 청소년부에서 교사와 스태프로 섬기고 있다. 일반적으로 교회학교는 나이 차이가 많이 나는 교사들이 많아서 역동성을 추구하기가 무척 어려운데, 젊고 열정 있는 청년들이 교육부서를 섬겨 줌으로 교육부서에 더욱더 활기가 넘친다.

또한 청년들이 교회에서 봉사하고 섬기면서 영적으로 크는 모습을 자주 보게 된다. 주말마다 원거리 통학을 하면서도 맡은 반 아이들을 섬기기 위해서 1년 헌신이 아니라 3-4년 헌신하는 모습을 쉽게 보곤 한다. 간혹 패스트푸드점이나 식당에서 교회학교 학생들을 심방하고 있는 청년들을 만난다. 그들에게 "너희들도 삶이 팍팍할 텐데 어떻게 아이들을 섬길 수 있니?"라고 물어보면 "한 달 용돈을 털면 됩니다"라고 답한다. 이러니 교회학교 학생들이 청년 교사가 담임하는 반에 들어가고 싶어서 안달이 날 정도로 청년들의 인기가 좋다.

드림교회 여호수아 청년부는 우리만 잘 모이는 청년부에 머물러 있지 않고 교회를 섬기는 청년부다. 특별히 방학 때가 되면 자기 부서만 섬기는 것으로 끝나지 않고, 2-3개 부서를 섬기고, 방학 전체를 아예 교회에서 사는 청년들을 보게 된다. 때로는 너무 과해서 '조금 절제시켜야 하지 않나?' 하는 생각이 들 정도다. 교회 청년으로서 교회에 대한 소속 의식을 분명히 하고, 늘 섬기려는 의식이 넘치는 드림교회 청년부는 확실히 남다르다.

4. 드림교회만의 특화된 청년 7년 커리큘럼

많은 교회가 겪는 청년 사역의 문제는 교역자가 바뀌면 모든 시스템이 다 바뀐다는 것이다. 새로운 교역자를 만나면 청년들은 다시 구원에 대해서, 복음에 대해서 수없이 듣고, 또 듣게 된다. 이러한 문제에 대한 해법으로 드림교회 여호수아 청년부는 교역자와 상관없이 청년의 때에 배워야 할 내용을 미리 정해 놓고, 매년 커리큘럼에 따라서 교육을 진행하고 있다.

청년1부는 20세부터 26세까지 7년간 매년 3학기제로 진행되며, 청년들에게 필요한 GBS(Group Bible Study)가 준비되어 있다. 청년2부는 27세 이상의 청년들이 7년간 공부할 수 있는 내용들이 심화 과정 수준으로 준비되어 있다. 교역자들은 커리큘럼에 있는 내용을 가지고 정해진 시간에 리더들을 양육한다. 대학생이 대부분인 청년1부는 토요일 오전에 리더 모임을 갖고, 직장인이 대부분인 청년2부는 금요일 저녁에 리더 모임을 진행하고 있다.

청년부의 7년 커리큘럼이 가진 장점은 무척 많다.

첫째, 교역자의 이동으로 인한 청년들의 영적인 변화를 최소화할 수 있다. 청년들은 청년 교역자에게 큰 영향을 받기 마련이어서, 때로는 그 후유증이 말로 다할 수 없을 정도다. 그러나 드림교회 청년부는 성경 공부 주제 자체를 이미 정해 놓았기 때문에 교역자가 바뀌더라도 안정적으로 교육이 가능한 구조를 마련해 놓은 것이다.

둘째, 청년들이 신앙에 대한 양육을 골고루 받을 수 있다. 대부분의 성경 공부 커리큘럼은 편식주의다. 교역자가 구약을 좋아하면 구약 중심으로 가고, 교역자가 성령파이면 성령론 쪽으로 가는 등 교역자 편향이 심한 것이 현실이다. 그러나 드림교회 청년부 커리큘럼에는 청년의 시기에 배워야 할 다각적인 내용이 포함되어 있어서, 청년들이 고루 양육받을 수 있다.

셋째, 사람을 세우는 구조다. 드림교회 여호수아 청년부는 7년 커리큘럼을 100% 완수한 청년을 간사로 세워 후배들을 가르칠 수 있는 권한을 부여한다. 그래서 한 사람만 세우는 교육이 아니라 계속해서 많은 사람을 세워 가는 교육을 지향한다.

그렇다면 드림교회 여호수아 청년부의 커리큘럼에 대한 개관을 살펴보도록 하겠다.

1) 커리큘럼의 목표

(1) 신앙의 형성

믿음이 없는 자연인에게 예수 그리스도를 소개함으로써 신앙인으로 변화시키는 것이 1차 목표다. 여기에는 1단계 회심의 교육이 필요하고, 2단계 양육의 교육이 필요하고, 3단계 치유의 교육이 필요하다.

(2) 기독교 세계관의 형성

과거 세속의 가치관과 의식에 사로잡혀 있던 청년들에게 예수 그리스도 안에서 바른 가치관과 인생관을 세워 준다. 온전한 기독교 세계관을 가지고 캠퍼스와 직장에서의 삶을 영위하도록 만드는 것이 2차 목표다.

(3) 비전의 형성

확립된 기독교 세계관을 바탕으로 하나님이 원하시는 인생의 길을 꿈꾸고 준비하도록 만드는 것이 3차 목표다. 어떠한 방향과 목표를 가지고 사는 것이 예수 그리스도의 제자로서의 삶인지에 대해서 깊이 고민하면서 온전한 비전을 꿈꾸도록 만드는 데 목표가 있다.

2) 커리큘럼의 3가지 영역

(1) 성경과 신학

기독교의 가장 기본이 되는 신론, 기독론, 인간론, 죄론, 종말론, 성령론 등을 온전히 이해해 건전한 신학의 바탕 위에서 건전한 신앙생활을 영위하도록 한다.

(2) 기독교 사상 및 세계관

기독교 세계관 교육을 통해서 청년들에게 온전한 성경적 가치관을 심어 주며, 제자도, 공동체, 예배, 리더십 등에 대해서 성경적 밑바탕을 만들어 주도록 한다.

(3) 크리스천의 삶

청년들의 삶에 직접적으로 연관되는 이성 교제, 소명 및 직업관, 내면 성찰, 우선순위, 영적 성장 등에 대해서 성경적인 가이드를 제시해 삶으로 믿음을 보이도록 한다.

3) 커리큘럼의 기간 및 진행 방향

학제는 1년을 3학기로 운영하며, 분기별로 '성경과 신학', '기독교 사상 및 세계관', '크리스천의 삶'에 대한 강의를 하나씩 듣도록 한다. 전체 커리큘럼은 7년간 이어지며, 총 21개 과목으로 구성되어 있다. 과목 이수는 학기 출석 일수의 4분의 3 이상을 원칙으로 한다.

4) 청년1부 과목

(1) 주제별 커리큘럼

자료 1

	성경과 신학		
주제	주 교재	필독 도서	참고 도서
창세기	『청년 공동체 바로 세우기』 (김상권, 크리스천리더)	『창세기 속의 그리스도』 (이근호, 대장간), 『어떻게 창세기를 읽을 것인가』 (트렘퍼 롱맨 3세, IVP)	『창조주 하나님』 (이재만, 두란노)

출애굽기	『엑스포지멘터리 성경 공부 시리즈』 (송병현, 임우민, EM)	『성경이 말하게 하라 – 출애굽기』 (앤드류 사치, 예수전도단)	『출애굽기는 무엇을 말하는가 1, 2』 (최낙재, 성약)
여호수아	『청년 공동체 바로 세우기』 (김상권, 크리스천리더)	『여호수아는 무엇을 말하는가』 (최낙재, 성약)	『인생, 거룩한 모험에 던져라』 (안종혁, 두란노)
말라기	『청년 공동체 바로 세우기』 (김상권, 크리스천리더)	『열두 예언자의 영성』 (차준희, 새물결플러스)	『십일조의 축복』 (아더 핑크, 프리스브러리)
누가복음	『청년 공동체 바로 세우기』 (김상권, 크리스천리더)	『누가복음 어떻게 읽을 것인가』 (신현우, 성서유니온선교회)	『존 라일 사복음서 강해 – 누가복음 1, 2』 (J. C. 라일, CLC)
로마서	『ESV 성경 공부』 (자레드 윌슨, 부흥과개혁사)	『페이스북, 믿음의 책』 (김동호, 규장), 『로마서 어떻게 읽을 것인가』 (홍인규, 성서유니온선교회)	『누가 새사람인가』 (유해무, 그라티아), 『존 파이퍼 로마서 강해』 (존 파이퍼, 좋은씨앗)
빌립보서	『청년 공동체 바로 세우기』 (김상권, 크리스천리더)	『빌립보서 어떻게 읽을 것인가』 (김도현, 성서유니온선교회)	『기쁨으로 더 풍성하게 하라 1, 2』 (화종부, 두란노)

자료 2

기독교 사상 및 세계관

주제	주 교재	필독 도서	참고 도서
기독교 세계관	『니고데모의 안경』 (신국원, IVP)	『창조, 타락, 구속』 (알버트 월터스, IVP), 『개혁주의 기독교 세계관』 (마이클 호튼, 부흥과개혁사)	『믿음은 세계관의 전쟁이다』 (최재호, 힐링북스), 『세계관은 삶이다』 (최용준, CUP)

주제	주 교재	필독 도서	참고 도서
영적 성장	『하나님 마음에 합한 생활』 (프리셉트성경연구원, 프리셉트)	『영적 감정을 분별하라』 (조나단 에드워즈, 생명의말씀사), 『당신은 건강한 그리스도인인가』 (R. C. 스프롤, 프리셉트)	『돈, 섹스, 권력』 (리처드 포스터, 두란노), 『영적 훈련과 성장』 (리처드 포스터, 생명의말씀사)
리더십	『믿음의 품질을 높이는 명품 리더십』 (김병삼, 프리셉트)	『거인들의 발자국』 (한홍, 비전과리더십)	『리더여, 사자의 심장을 가져라』 (한홍, 두란노)
그리스도인과 정치	『정치』 (크리스채너티투데이 인터내셔널, 국제제자훈련원)	『정치하는 교회, 투표하는 그리스도인』 (김근주 외, 새물결플러스), 『정치하는 그리스도인』 (김형원, SFC)	『복음과 정치』 (김근주 외, 대장간), 『그리스도인의 정치 색깔』 (신동식, 우리시대)
성경 배경사	『구약성경 역사 산책』 (류모세, 두란노)	『구약성경 읽기』 (노재명, 목양)	『열린다 성경』 세트 (류모세, 두란노)
하나님 나라	『복음의 기초』 (이혁, 한책의사람)	『구원의 길』 (김홍만, 생명의말씀사), 『구원』 (R. C. 스프롤, 생명의말씀사)	『심플리 가스펠』 (신성관, 새물결플러스), 『하나님 나라를 사는 방식』 (김동호, 규장)
교회	『교회론』 (이혁, 한책의사람)	『세상의 포로 된 교회』 (마이클 호튼, 부흥과개혁사)	『독트린 매터스』 (존 파이퍼, 복있는사람)

자료 3

크리스천의 삶

주제	주 교재	필독 도서	참고 도서
직업	『월요일의 그리스도인』 (최영수, 생명의말씀사)	『월요일의 그리스도인』 (최영수, 생명의말씀사)	『일, 삶, 구원』 (폴 스티븐스, IVP), 『직장인이라면 다니엘처럼』 (원용일, 브니엘)
이성 교제	『사귀고 싶은 남자 만나고 싶은 여자』 (저스틴 루카도, 이레서원)	『우리 사랑할까요?』 (박수웅, 두란노), 『그리스도인의 성』 (루이스 스미디스, 두란노)	『사랑하기 좋은 날』 (김지윤, 포이에마), 『성, 이성 교제, 결혼과 혼전순결』 (이정현, 베다니)

전도와 선교	『전도』 (이대희, 엔크리스토)	『전도』 (J. 맥스타일즈, 부흥과개혁사)	『복음 전도 바로 알기』 (김홍만, 청교도신앙사)
시간과 돈	『하나님 마음에 합한 재정』 (프리셉트성경연구원, 프리셉트)	『시간의 마스터』 (한홍, 비전과리더십)	『돈, 섹스, 권력』 (리처드 포스터, 두란노)
성품	『성품, 성도의 품격』 (김병삼, 교회성장연구소)	『하나님이 기뻐하시는 삶』 (R. C. 스프룰, 생명의말씀사)	『다니엘 임팩트』 (한홍, 규장), 『공부해서 남 주자』 (김영길, 비전과리더십)
기도	『하나님 마음에 합한 기도』 (프리셉트성경연구원, 프리셉트)	『어떻게 기도할까』 (R. C. 스프룰, 생명의말씀사)	『기도, 하늘의 능력을 다운로드하라』 (한홍, 생명의말씀사)
고난과 죽음	『고난과 죽음을 말하다』 (R. C. 스프룰, 생명의말씀사)	『고통의 문제』 (C. S. 루이스, 홍성사)	『고난의 영웅들』 (존 파이퍼, 부흥과개혁사)

(2) 7년 커리큘럼

7개의 커리큘럼이 7년 동안 3회 주기로 진행된다.

자료 4

7년 커리큘럼

연차	1학기	2학기	3학기
1	창세기, 기독교 세계관, 직업관	출애굽기, 영적 성장, 이성 교제	여호수아, 리더십, 전도와 선교
2	호세아, 그리스도인과 정치, 시간과 돈	누가복음, 성경 배경사, 성품	로마서, 하나님 나라, 기도
3	빌립보서, 교회, 고난과 죽음	창세기, 기독교 세계관, 직업관	출애굽기, 영적 성장, 이성 교제

4	여호수아, 리더십, 전도와 선교	호세아, 그리스도인과 정치, 시간과 돈	누가복음, 성경 배경사, 성품
5	로마서, 하나님 나라, 기도	빌립보서, 교회, 고난과 죽음	창세기, 기독교 세계관, 직업관
6	출애굽기, 영적 성장, 이성 교제	여호수아, 리더십, 전도와 선교	호세아, 그리스도인과 정치, 시간과 돈
7	누가복음, 성경 배경사, 성품	로마서, 하나님 나라, 기도	빌립보서, 교회, 고난과 죽음

7) 청년2부 과목

(1) 주제별 커리큘럼

자료 5

본문별 과정

주제	주 교재	필독 도서	참고 도서
레위기	『엑스포지멘터리 성경 공부 시리즈』 (국제제자훈련원)	『키워드로 읽는 레위기』 (성기문, 세움북스)	『엑스포지멘터리 민수기』 (송병헌, 국제제자훈련원)
민수기	『엑스포지멘터리 성경 공부 시리즈』 (국제제자훈련원)	『민수기 광야를 걷는 예배자』 (하정완, 나눔사)	『엑스포지멘터리 민수기』 (송병헌, 국제제자훈련원)
사사기	『엑스포지멘터리 성경 공부 시리즈』 (국제제자훈련원)	『당신을 위한 사사기』 (팀 켈러, 두란노)	『사사기 어떻게 읽을 것인가』 (전성민, 성서유니온)
호세아	『엑스포지멘터리 성경 공부 시리즈』 (국제제자훈련원)	『열두 예언자들의 영성』 (차준희, 새물결플러스)	『소예언서 어떻게 읽을 것인가 1』 (김근주, 성서유니온)
룻기, 에스더	『엑스포지멘터리 성경 공부 시리즈』 (국제제자훈련원)	『엑스포지멘터리 - 룻기, 에스더』 (송병헌, 국제제자훈련원)	『룻기』 (조영민, 죠이선교회)
느헤미야	『청년 공동체 바로 세우기』 (김상권, 크리스천리더)	『삶을 틀을 바꾸는 사람 느헤미야』 (김형준, 스텝스톤)	『파워 리더 느헤미야』 (김경섭, 프리셉트)

산상수훈	『산상수훈』 (프리셉트)	『존 스토트의 산상수훈』 (존 스토트, 생명의말씀사)	『산상수훈』 (오스왈드 챔버스, 토기장이)
요한복음	『청년 공동체 바로 세우기』 (김상권, 크리스천리더)	『요한복음의 예수』 (존 프록토, 성서유니온)	『요한복음 강해』 (김세윤, 두란노)
갈라디아서	『청년 공동체 바로 세우기』 (김상권, 크리스천리더)	『이야기 갈라디아서』 (진 에드워드, 생명의말씀사)	『갈라디아서』 (화종부, 죠이선교회)
에베소서	『청년 공동체 바로 세우기』 (김상권, 크리스천리더)	『바울이 세상에게』 (권호, 생명의말씀사)	『에베소서 어떻게 읽을 것인가?』 (길성남, 성서유니온)
요한계시록	『요한계시록』 (프리셉트)	『요한계시록 40일 묵상 여행』 (이필찬, 이레서원)	『모든 사람을 위한 요한계시록』 (톰 라이트, IVP)

자료 6

주제별 과정

주제	주 교재	필독 도서	참고 도서
우선순위	『하나님 마음에 합한 소원』 (프리셉트)	『그리스도인의 우선순위』 (김서택, 홍성사)	『하나님의 10가지 우선순위』 (글렌 마틴, 생명의말씀사)
성령	『하나님 마음에 합한 사역』 (프리셉트)	『왜 성령인가』 (조정민, 두란노)	『이것이 성령님이다』 (토저, 규장)
성품	『하나님 마음에 합한 열매』 (프리셉트)	『성품, 성도의 품격』 (김병삼, 교회성장연구소)	『교제』 (IVP 소책자)
전도	『하나님 마음에 합한 전도』 (프리셉트)	『주님의 전도 계획』 (로버트 콜먼, 생명의말씀사)	『목사님 전도가 너무 쉬워요』 (손현보, 누가)
가정과 사회생활	『하나님 마음에 합한 사역』 (프리셉트)	『팀 켈러, 결혼을 말하다』 (팀 켈러, 두란노)	『팀 켈러의 일과 영성』 (팀 켈러, 두란노)

성	『성 그 끝없는 유혹』 (케이 아더, 프리셉트)	『성 그 끝없는 유혹』 (케이 아더, 프리셉트)	『섹스에 관한 일곱 가지 거짓말』 (IVP 소책자)
예배	『하나님 마음에 합한 예배』 (프리셉트)	『예배인가 쇼인가』 (토저, 규장)	『예배』 (J. C. 라일, 복있는사람)
교회	『하나님 마음에 합한 교회』 (프리셉트)	『교회, 나의 고민 나의 사랑』 (필립 얀시, IVP)	『기독교는 믿을 만한가』 (IVP 소책자)
기도	『BEST 기도 4단계』 (프리셉트)	『팀 켈러의 기도』 (팀 켈러, 두란노)	『기도』 (IVP 소책자)
십계명	『하나님 마음에 합한 약속』 (프리셉트)	『강영안 교수의 십계명 강의』 (강영안, IVP)	『교회 다니면서 십계명도 몰라?』 (차준희, 국제제자훈련원)

(2) 7년 커리큘럼

자료 7

7년 커리큘럼

연차	1학기	2학기	3학기
1	레위기, 우선순위	민수기, 성령	사사기, 성품
2	호세아, 전도	룻기, 에스더, 가정과 사회생활	느헤미야, 성
3	산상수훈, 예배	요한복음, 교회	갈라디아서, 기도
4	에베소서, 십계명	요한계시록	레위기, 우선순위
5	민수기, 성령	사사기, 성품	호세아, 전도
6	룻기, 에스더, 가정과 사회생활	느헤미야, 성	산상수훈, 예배
7	요한복음, 교회	갈라디아서, 기도	에베소서, 십계명

5. 여호수아 청년부의 양육 및 다양한 프로그램

드림교회 여호수아 청년부는 1년 4학기 중에 3학기 동안 GBS를 중심으로 양육하고, 1학기는 아웃팅, 자체 활동, 전도 프로그램으로 활용하고 있다.

1) 아웃팅

아웃팅(Outing, 야유회)은 목장 리더들 재량으로, 또는 청년부에서 특별 행사가 있을 때 공식적으로 진행한다. 커리큘럼에 따른 지속적인 성경 공부도 중요하지만 때로는 목장의 분위기와 목원들의 상태를 살펴서 리더들이 아웃팅을 나가는 것도 필요하다. 주중에는 청년들 대부분이 다른 지역에 흩어져 있기 때문에 주로 주일 목장 모임을 활용해 아웃팅을 가진다.

2) 자체 활동

시간적인 문제로 인해 주일에는 주로 특강을 중심으로 진행하고, 토요일이나 공휴일을 활용해 소풍, 체육대회, 임원 리더 MT, 또래 MT, 섞어 MT(고연차와 저연차를 섞어서 MT 실시) 등을 실행한다. 방학 중 자체 활동으로는 '함방'이라는 프로그램을 지속적으로 실시한다. '함방'이란 '함께하는 방학'의 줄임말로, 방학이 되면 흐트러지기 쉬우므로 함께 모여서 독서 토론, 성경 공부, 새벽 QT, 취미 생활, 재능 기부 등을 진행하고 있다.

3) 전도 프로그램

드림교회 여호수아 청년부의 전도 프로그램은 다음과 같다. 1년에 상·하반기 2회를 하되, 대주제로는 '해피데이'를, 소주제로는 그때그때 트렌드에 맞게 정해서 전도 축제를 실행한다. 해피데이를 위해서는 사전에 2회의 노방 전도와 청년1, 2부 연합 기도회를 실시한다. 청년1부에서는 군산 지역에 있는 5개의 캠퍼스에서 캠퍼스 전도를 한다. 일명 '컵라면 전도'라고 하는데, 청년부에 대한 자료를 스티커로 디자인해서 컵라면 뚜껑 부분에 붙여 우리 청년부만의 컵라면을 만들어 선물하며 전도한다.

해피데이 때는 청년1부에 소속되어 있는 드라마 팀인 '드라마크루'에서 "복음", "구원", "십자가"라는 주제를 가지고 그때그때 청년들의 관심사와 맞는 공연을 준비해서 진행한다. 한번은 "기다림"이라는 주제로 창작극을 제작해 우리를 끝까지 기다리시는 예수님의 사랑을 전했다. 또한 "쇼 미 더 머니"를 패러디해 "쇼 미 더 진리"라는 주제로 랩 가사를 만들어 복음을 전하기도 했고, "복면가왕"을 패러디한 "복음성가왕"에서 개사한 노래로 복음을 전하기도 했다.

자료 8

2017년 상반기 해피데이(전도 집회) 큐시트

NO.	순서	시간	소요	내용	담당 (출연자)	MIC	MR	자막	영상, 카메라
	경배와 찬양	13:20 –13:40	20분	브레스	브레스 찬양 팀	O	O	O	카메라

❶	영상	13:40 -13:42	2분	청년부 소개 영상	교역자, 방송실	X	O	O	영상
❷	콘서트	13:42 -13:57	15분	"복음가왕" 대중가요를 복음적 메시지로 개사하고 복면을 하고 노래를 한다. 심사위원과 관객의 점수를 합산해 순위를 가린다. (콘서트에 대한 콘티는 드라마크루에서 준비함)	청년1부 드라마크루, 방송실	핸드 마이크 6개	O	O	카메라
❸	설교	13:57 -14:17	20분		담당 목사	헤드셋 1개	O	O	카메라
❹	영상	14:17 -14:19	2분	연예인 ○○○ 소개 동영상을 송출한다.	방송실	X	O	O	영상
❺	공연	14:19 -14:50	31분	○○○가 간증과 함께 공연을 한다.	방송실	무선 핸드 마이크 1개	O	O	카메라
❻	광고, 방문자 카드 작성	14:50 -14:58	8분	광고, 방문자 카드 및 필기구 준비	교역자	O	X	O	카메라
❼	축도	14:58 -15:00	2분	축복 기도	담당 목사	O	X	X	카메라

4) 예비 리더 선발 양육 프로그램

예비 리더 선발 양육 프로그램은 다음과 같이 진행된다. 청년1부 리더 양육 모임은 토요일 오전 9시부터 12시까지 3시간 동안, 청년2부 리더 양육 모임은 금요일 저녁 7시부터 10시까지와 토요일 저녁 6시부터 8시까지 이루어지고 있다. 이때 담당 교역자가 성경 공부와 양육을 직접 인도하고, 영적인 돌봄과 교제의 시간도 갖는다.

다음 리더들을 미리 세우는 준비 기간으로서, 교역자와 자원하고 선발된 예비 리더들이 책을 읽고 나누는 시간을 8주 동안 갖는다. 그리고 1년이라는 기간이 소요되는 제자훈련을 받는 청년들 중에 리더의 자격과 자질이 있는 청년들을 선발해 수습 기간을 가진다. 수습 기간 때는 기존 리더들과 함께 성경 공부를 하면서 리더로서의 마음가짐이나 청년 공동체의 분위기, 담당 교역자의 성향 등을 파악하는 시간으로 보낸다. 그리고 개인차를 고려하면서 목장이 재편성되는 기간에 리더로 세운다.

5) 청년부 새가족부 '빕스'(VIPS)

청년부 새가족부인 '빕스'는 청년부에 오는 새로운 VIP들을 섬기는 일을 하고 있다. 청년부의 새가족부는 청년 공동체에 들어오는 관문이라고 할 수 있다. 청년 공동체의 첫인상을 좌우한다. 그래서 새가족에 대해 열정이 있는 청년들이 빕스 리더로 섬기게 된다.

빕스에도 커리큘럼이 있다. 5주 동안 교육을 받는다. 빕스 리더들 3명과 부장, 간사까지 총 5명이 한 주간씩 맡아서 교육한다. 5주간의 교육에는 『이야기로 본 새가족 성경 공부』(김민정, 생명의말씀사)를 주 교재로 사용하고 있다. 이 교재를 사용하는 주된 이유는 기존 신자이면서 우리 교회에 등록한 새가족과 비신자이면서 우리 교회에 등록한 새가족 모두에게 적합한 교재이기 때문이다.

새가족 교육 시간은 기존 신자에게는 기독교 세계관을 바탕으로 자신의 신앙을 다시금 점검하며 돌아보는 기회가 된다. 비신자에게는 기독교 세계관에 바탕을 둔 보다 성경적이며, 알기 쉽고, 무겁지 않은 교육 시간이 될 수 있다. 새가족의 교육 시간은 1시간에서 1시간 30분 정도다. 담당 교역자는 새가족이 등록한 주간에는 무조건 심방을 해서 세밀한 부분까지 파악한다.

6) 은혜로운 겨울·여름수련회

드림교회 여호수아 청년부는 사람을 세워 가는 청년부다. 사람을 세워 가는 청년부의 주축은 청년들에게 영적인 임팩트를 제공하는 것이다. 주된 임팩트로는 겨울수련회와 여름수련회를 통한 은혜의 체험을 들 수 있다.

3박 4일의 겨울수련회는 청년들이 기독교 세계관과 기독교 신앙의 기초를 갖도록 특강과 집회 위주로 기획한다. 여름철에는 청년들이 교회 곳곳에서 많이 봉사하고 있기 때문에 '재충전'을 콘셉트로 잡는다. 비록 낮 시간에는 충전하거나 쉼을 누리지만 저녁 시간에는 영적으로 충분히 채우는 시간을 갖는다. 이처럼 수련회를 통해서 청년들은 많은 성장을 경험하며, 새로운 인재가 발굴된다.

드림교회 여호수아 청년부는 계속 모이는 수가 증가하고 있다. 담임목사님이 부임하실 때 2명뿐이었던 청년부가 현재는 청년들 중심으로 드리는 주일 3부 예배의 인원수가 350명에 육박한다. 젊은이들이 선호하지 않는 지방 소도시이고, 틈만 나면 청년들이 떠나는 도시에 청년들이 꾸준히 모이는 이유는 청년부를 통해서 사람이 세워져 가고 있기 때문이다.

● 황명철 목사

기독교 교육에 대한 말씀의 접목을 탁월하게 해내는 은사가 있다.
2016년까지 유치부 사역을 하다가
올해부터는 청년2부와 유년부를 담당하고 있다.
ezra2849@naver.com

고신대학교 기독교 교육학(B.A)
총신대학교 신학대학원(M.div)
에스라성경대학원 신학 석사(Th.M)

● 최창수 목사

어린이와 함께하는 시간을 가장 즐기며,
군산의 모든 어린이를 친구 삼아 사역하고 있다.
현재 드림교회에서 소년부와 영아부를 담당하면서
아이들과 재미있게 호흡하고 있다.
ccs0543@naver.com

세종대학교 식품공학과(B.S)
총신대학교 신학대학원(M.div)

● 이정현 목사

청소년 사역에 대한 특별한 비전을 품고
20년간 청소년 사역을 감당하고 있다.
현재 드림교회에서 교육 디렉터와 청소년 사역을 감당하면서
하루도 빠지지 않고 아이들을 만나고 있다.
22jung@daum.net

총신대학교 신학과(B.A)
총신대학교 신학대학원(M.div)
사우스웨스턴 신학교 신학 석사(Th.M Cand)
사우스웨스턴 신학교 청소년 교육 석사(MACE), 청소년 교육 박사(Ph.D)

● 이준탁 목사

청년들을 먹여 살리기 위해서
기꺼이 자신의 삶을 포기할 수 있는 열정의 사역자다.
또한 교육 콘텐츠 개발에 특별한 은사를 가지고 있다.
현재 드림교회에서 청년1부와 초등부를 담당하고 있다.
gosongengineer@hanmail.net

고신대학교 기독교 교육학(B.A)
고신대학교 대학원 기독교 교육학(M.A)
칼빈대학교 신학대학원(M.div)

아이들이
교회로
몰려온다

부록

부서별
교육 계획안

영아부
유치1부
유치2부
유년부
초등부
소년부
청소년부
여호수아 청년1부
여호수아 청년2부
사랑부

교 육 계 획 안

영아부

1. 교육 표어
예수님께 붙어 있어요!

2. 주제 성구
"나는 포도나무요 너희는 가지라 그가 내 안에, 내가 그 안에 거하면 사람이 열매를 많이 맺나니 나를 떠나서는 너희가 아무것도 할 수 없음이라"(요 15:5).

3. 교육 목표
1. 지적 발달, 신체 발달로 건강한 아이
2. 사회성 발달로 사랑받는 아이
3. 정서 발달과 언어 발달로 인격이 성장하는 아이
4. 영적 발달로 하나님께 사랑받는 아이

4. 실천 목표
1. 부모 교육: 말씀 위에 선 건강한 가정을 지향
2. 교사 교육: 상반기 교사 수련회 참여
   매 주일 예배 전후 기도회 진행
   전·하반기 교사대학 참여

5. 예배 순서

예배 준비 및 기도	11:00-11:15	교역자, 부장, 전 교사
예배	11:15-12:20	찬양, 기도, 말씀
반별 모임	12:20-12:35	
폐회 시간	12:35-12:45	
교사 모임 및 기도	12:45-13:15	반성, 출결 확인, 광고, 건의

6. 조직

1) 총무부(임원진)

❶ 총무부는 매주 월요 기도회 및 각종 회의 시간에 모인다.
❷ 총무: 비품 일체를 관리하고 매주 교사 연락 및 각종 통계 서류를 관장한다.
❸ 회계: 서무 및 재정 일체에 대한 예산 집행을 관장한다.
❹ 서기: 서기록, 회의록, 출석부(웹 출석 기록), 새 친구 관리 카드를 기록, 관장한다.
❺ 교사들의 애경사에 적극적으로 참석, 방문하고 영아부 입원 환자를 심방한다.

2) 영상부

❶ 예배 및 행사 관련 사진과 동영상으로 자료를 관리한다.
❷ 영아부 카페 관리, 월보 발행, 행사 전도지를 관장한다.
❸ 환경 게시판을 꾸미고, 영아부 행사 홍보에 필요한 자료를 준비한다.

3) 찬양부
- ❶ 예배 진행에 따른 모든 준비와 업무를 총괄한다.
- ❷ 프로그램 진행과 예배 순서 담당 교사를 책임 있게 준비하고 연락한다.
- ❸ 매주 주일 찬양을 미리 준비한다.
- ❹ 예배 10분 전부터 찬양이 진행되도록 준비한다.
- ❺ 찬양을 시작하기 전 반드시 기도하고 찬양을 드리도록 한다.
- ❻ 예배 사회를 맡아서 진행하며 음향 장비 일체를 관리한다.

4) 기도 · 전도부
- ❶ 예배를 위해 세부적으로 기도하고, 교사들의 가정과 사명 감당을 위해서 기도한다.
- ❷ 아프거나 입원한 영아가 있는지 민첩하게 보고해 기도한다.
- ❸ 해피데이, 여름성경학교 등 기도와 전도에 적극 참여한다.

5) 교육 · 새가족 · 간식부
- ❶ 교육부: 공과 교재와 준비 활동, 영아부 행사 홍보에 필요한 자료를 준비한다.
- ❷ 새가족부: 새 친구 부모 교육 및 새 친구 심방 일정 연락을 담당한다.
- ❸ 간식부: 반별 모임 간식을 필요에 따라 준비한다.

6) 봉사 · 안내부
- ❶ 봉사부: 예배 전후에 청소 및 비품 이동과 식수를 준비하며, 교사 조끼의 청결을 관리한다.

❷ 안내부: 예배 전에 현관 안내를 하고, 신발장을 정리하며, 예배실 입구에서 안내한다.

7) 드라마 · 인형극부
❶ 드라마와 인형극을 초청 잔치와 특별 절기에 준비, 발표한다.

8) 교사 실천 사항
❶ 주일 대예배와 영아부 예배에 결석하지 않는다.
❷ 주일 오전 11시까지 영아부 예배를 위한 기도 모임에 참여한다.
❸ 영아부 매주 활동 내용을 정확하게 알고 협조한다(회의에 참여).
(2017년 본 교육 계획안 교육 활동 참조→활동 내용을 주일 전에 확인해 준비할 것)
❹ 영아부 예배 후 진행되는 교사 회의에 꼭 참석해야 한다.
❺ 우리 반 아이가 결석하면 반드시 연락해 이유를 알고 보고하며 방문한다.
❻ 영아부 예배에 부득이 불참하게 될 경우에는 사전에 교역자와 부장, 반장에게 연락하고 짝꿍 반 선생님께 협조를 부탁한다.
(짝꿍 반: 1, 2반/ 3, 4반/ 5, 6반)

7. 연간 계획

월별	특별 행사	월별	특별 행사
12월	새 연도 기도 작정, 각 반 심방, 교사 심방	6월	성경학교 준비
1월	부모 교육, 교사 대심방	7월	맥추감사주일, 여름성경학교
2월		8월	부모 교육, 가을 해피데이 준비
3월	봄 해피데이 준비	9월	가을 해피데이(드라마), 콘퍼런스 준비
4월	봄 해피데이(인형극)	10월	부모 교육
5월	어린이주일, 부모 교육	11월	추수감사주일, 수료 예배

❶ 전반기 (12월-5월)

월	일	절기 및 부서 주요 행사	담당	기도	비고
12	4	공과	각 반 교사	부장	교사 OT(12/3), 반별 모임, 성탄절, 겨울 환경 게시판
	11	공과	교육부	담당 교사	
	18	공과, 생일잔치	교육부	담당 교사	
	25	성탄 공과	교육부	담당 교사	
1	1	새해 카드 만들기	담당 교사	담당 교사	부모 교육(1/7), 구정(1/28)
	8	공과	교육부	담당 교사	
	15	공과, 생일잔치	교육부	담당 교사	
	22	공과	교육부	4A-1	
	29	미술활동	담당 교사	4A-2	
2	5	공과	교육부	4A-3	
	12	공과	교육부	4A-4	
	19	공과, 생일잔치	교육부	4B-1	
	26	언어활동	담당 교사	4B-2	
3	5	공과	교육부	4B-3	기도 주간 (3/13-3/25), 봄 환경 게시판, 유아세례 준비
	12	공과	교육부	4B-4	
	19	공과, 생일잔치	교육부	4C-1	
	26	신체활동	담당 교사	4C-2	
4	2	공과	교육부	4C-3	전도 주간 (3/27-4/8), 봄 해피데이 (4/15, 인형극)
	9	공과	교육부	4C-4	
	16	공과, 생일잔치	교육부	3A-1	
	23	음률활동	담당 교사	3A-2	
	30	찰흙놀이	담당 교사	3A-3	
5	7	공과, 어린이주일	교육부	3A-4	어린이주일
	14	공과	교육부	3A-5	
	21	공과, 생일잔치	교육부	3A-6	
	28	감각놀이활동	담당 교사	3B-1	

❷ 후반기(6월-11월)

월	일	절기 및 부서 주요 행사	담당	기도	비고
6	4	공과	교육부	3B-2	기도 주간 (6/12-6/24), 전도 주간 (6/26-7/1), 여름 환경 게시판
6	11	공과	교육부	3B-3	
6	18	공과, 생일잔치	교육부	3B-4	
6	25	풍선활동	담당 교사	3B-5	
7	2	성경학교 공과	교육부	3B-6	성경학교 전체 리허설(6/30), 맥추감사절(7/2), 여름성경학교 (7/8)
7	9	성경학교 공과	교육부	3C-1	
7	16	성경학교 공과, 생일잔치	교육부	3C-2	
7	23	감각탐색활동	담당 교사	3C-3	
7	30	언어활동	담당 교사	3C-4	
8	6	공과	교육부	3C-5	부모 교육(8/12), 가을 환경 게시판
8	13	공과	교육부	3C-6	
8	20	공과, 생일잔치	교육부	2A-1	
8	27	미술활동	담당 교사	2A-2	
9	3	공과	교육부	2A-3	기도 주간 (8/24-9/7), 전도 주간 (9/4-9/23), 가을 해피데이 (9/30, 드라마)
9	10	공과	교육부	2A-4	
9	17	공과, 생일잔치	교육부	2A-5	
9	24	음률활동	담당 교사	2B-1	
10	1	공과	교육부	2B-2	추석(10/5), 부모 교육 (10/21), 유아세례 준비
10	8	공과	교육부	2B-3	
10	15	공과, 생일잔치	교육부	2B-4	
10	22	곡물로 꾸며요	담당 교사	2B-5	
10	29	신문지활동	담당 교사	2B-6	
11	5	공과	교육부	1-1	추수감사절, 수료 예배
11	12	공과, 추수감사주일	교육부	1-2	
11	19	공과, 생일잔치	교육부	1-3	
11	26	수료 예배	총무부	부감	

활동 예시(참고)
· **언어활동**: 종이에 끼적이기(색깔 종이, 신문지, 습자지, 휴지 등), 손 인형 가지고 말하기, 마이크에 말하기, 동화책 읽어 주기(그림책, 막대 동화, 융판 동화, 입체 동화) 등

- **음률활동**: 스카프 흔들기, 가면 쓰고 놀이하기, 리본 막대 춤추기, 새로운 찬양 배우기, 찬양 부르며 악기 연주하기, 찬양 부르며 동작 표현하기 등
- **신체활동**: 풍선 놀이, 신문지 놀이, 징검다리 건너기, ○○처럼 움직여 보기(동물, 성경 인물, 눈사람, 나뭇잎 등), 공 던져 넣기, 볼링 놀이, 훌라후프 통과하기, 큰 걸음 작은 걸음 걸어 보기, 율동하기(큰 동작 활동), 고무줄놀이, 얼음 옮기기, 물 컵 나르기, 촉감 발판 밟아 보기 등
- **미술활동**: 오리기, 붙이기, 만들기, 찢기, 접기, 그리기, 색칠하기, 구기기, 도장 찍기, 스티커 붙이기, 물감 불기, 구슬 굴리기, 물감 뿌리기, 클레이 반죽 등
- **감각놀이활동(수·과학)**: 퍼즐 놀이, 일대일 대응하기, 수 세기, 크기 비교하기, 순서대로 놓기, 그래프 만들기, 관찰하기, 탐색하기, 모양 맞춰 끼우기, 실 꿰기, 사물 만져 보기 등

교 육 계 획 안

유치1부

1. 교육 표어
예수님 믿는 하나님 나라의 왕자와 공주

2. 주제 성구
"옛적에 선지자들을 통하여 여러 부분과 여러 모양으로 우리 조상들에게 말씀하신 하나님이 이 모든 날 마지막에는 아들을 통하여 우리에게 말씀하셨으니 이 아들을 만유의 상속자로 세우시고 또 그로 말미암아 모든 세계를 지으셨느니라"(히 1:1-2).

3. 교육 목표
그리스도의 계보(구약성경)와 약속의 편지(신약성경)를 중심으로 구원을 향한 하나님의 약속이 예수 그리스도를 통해 성취되는 과정을 경험하고, 예수 그리스도의 재림을 소망하며 하나님 나라의 왕자와 공주로 자라 가게 한다.

4. 실천 목표

- 프로세스 – G.R.O.W.

1. 예배	God's Love	하나님의 사랑을(God's Love) 깊이 알고
2. 말씀	Reverence	하나님을 경외하며(Reverence)
3. 순종	Others	이웃을(Others) 사랑하는
4. 전도	World	세상을(World) 변화시키는 거룩한 아이들!

5. 예배 순서

시간		세부 사항	지침	담당자
9:00–9:15	15분	교사 기도회	분반 공부 내용으로 말씀과 기도회를 가지며 모든 교사는 참석한다.	교역자
9:15–9:20	5분	환영 및 예배 준비	사랑하는 마음과 환한 웃음으로, 환영의 포옹이나 악수 등으로 교역자와 부장, 담당 교사가 아이들을 맞이한다.	담당 교사
9:20–9:40	20분	경배와 찬양	환영하는 찬양을 한다.	교사 찬양단
9:40–9:45	5분	예배송, 대표기도	기도 찬양을 인도할 때 대표기도자는 자리에 위치해 바로 기도에 들어갈 수 있도록 한다. 찬양단은 대표기도자가 기도를 시작하면 퇴장한다.	담당 교사
9:45–9:50	5분	헌금, 새가족 소개	헌금 찬양을 할 때 봉헌자는 앞으로 헌금함을 가지고 나오고, 교역자가 기도한다. 새 가족이 있을 시 담당 교사가 노래로 환영하고 소개하고 선물을 증정한다.	담당 교사
9:50–9:55	5분	큐맨	등장 음악과 카운트다운으로 등장해 주제를 제기한다.	담당 교사
9:55–10:10	15분	설교	아이들의 부름으로 설교자가 등장한다.	담당 목사
10:10–10:13	3분	복습 퀴즈	들은 말씀을 기억하며 두 개의 퀴즈를 낸다.	담당 교사

10:13–10:16	3분	주기도문송, 축도	찬양 팀장이 주기도문송을 한 후 교역자가 축도한다.	
10:16–10:36	20분	분반 공부, 특별 활동	활동 자료는 미리 준비해 신속하게 각 반에 배부한다.	각 반 교사
10:40–11:15	35분	청소 및 교사 기도회(소망반)	청소 후 소망반에 모여 교사 모임을 하면서 다음 주 설교 공과 말씀을 나누고, 공지사항을 전달한다.	교사 및 교역자

6. 교사 지침

1) 교사 수칙

❶ 모든 교사는 반드시 주일 낮 예배에 참석한다.
❷ 예배 30분 전에 나와서 기도로 준비한다.
❸ 분기별 양육 보고서를 통해 교사의 반 관리 현황을 확인한다.
❹ 교육국에서 주관하는 교사 세미나 및 교사 강습회에 참석한다.

2) 반 관리

❶ 결석자 관리
- 1회 결석 시 전화 심방
- 2회 결석 시 방문 및 부모님 전화 심방
- 3회 결석 시 교역자와 부장에게 알려 조치

❷ 장기 결석자 및 제적
- 3개월 이상 결석 시 제적이 아닌 새신자로 관리
- 새신자는 각 반 이름의 새신자반으로 편입되어 담당 교사가 정기적으로 관리

❸ 심방
- 부모 심방

- 12월 안에 부모 심방 완료
- 아이 생일에 선물과 함께 부모 심방(교역자 동행)
• 학생 심방
- 일주일에 1회 이상 전화 심방
- 정기적 반별 회식

7. 연간 계획

❶ 전반기(12월-5월)

월	일	교육목회	주제	교회 행사	부서 일정	비고
12	4	믿음마루	친해지기	2017년 사역 발표	교사 소개, 반 편성	반별 사진 촬영, 출석부 정리, 신상명세표 작성, 기도제목 작성
	11				신임 교사 환영회(8일), 교사 기도회 및 사역 나눔	
	18					
	25			성탄축하예배(25일)	성탄 카드 만들기, 챈트 암송	
1	1		싹틔우기	신년감사주일	기도 달력 만들기	반별 교사 심방, 반별 어린이 심방, 부모 교육(상반기)
	8				예꼬방(제자훈련) 1단계 모집	
	15			교사교육대회	드라마	
	22			직분자 수련회	챈트 암송	
	29				레크리에이션, 유치1부 찬양대 모집	
2	5		자라기	구정 연휴(8-10일)		전반기 교사 교육, 분기별 평가회
	12					
	19			교사대학	예꼬방(제자훈련) 수료식	
	26			성장연구원, 문화센터	십계명 암송 대회	

월	일	교육목회	주제	교회 행사	부서 일정	비고
3	5		하나되기			해피데이 준비
	12				드라마	
	19					
	26			문답식(24일), 세례(25일), 성찬식, 고난주간	챈트 암송	
4	2	사랑마루	어울리기	부활주일, 바구니 콘테스트	친구 전도 계란 꾸미기	노방 전도(한 달 동안) 예꼬 초청 잔치(4월)
	9			해피데이 발대식		
	16			부흥성회		
	23				예꼬 초청 잔치(22일)	
	30				챈트 암송	
5	7		챙기기	어린이주일	시편 23편 암송 대회	분기별 평가회
	14			어버이주일, 경로잔치	드라마	
	21			스승의주일	카드 만들기	
	28				챈트 암송	

❷ 후반기(6월-11월)

월	일	교육목회	주제	교회 행사	부서 일정	비고
6	4		친구되기	해피데이	상반기 골든벨	여름성경학교 준비
	11			여름 강습회	교사 강습회	
	18					
	25			단기선교		
7	2	섬김마루	함께 놀기	맥추감사주일	여름성경학교(1일)	영·유치부 헌신예배(2일), 교사 단합대회(22일)
	9			교회학교 여름 행사		
	16			목장 방학		
	23					
	30				레크리에이션	
8	6		함께 나아가기		예꼬방(제자훈련) 2단계 모집	후반기 교사 교육, 분기별 평가회, 부모 교육(하반기)
	13			목장 개학		
	20			교사대학	드라마	
	27			성장연구원, 문화센터	성경목록가	

9	3	꿈꾸기			해피데이(9월), 노방 전도(한 달 동안)
	10			유치부 해피데이(16일)	
	17			예꼬방 2단계 수료식	
	24		교육 콘퍼런스 (25-26일)		
10	1	소망마루	추석 연휴(3-5일)		교사 연합 기도회, 군산노회 성경암송대회 준비
	8	변화되기			
	15		특별새벽기도회	드라마	
	22		해피데이		
	29		문답식(27일), 세례(28일)	레크리에이션	
11	5	바라보기	성찬식		군산노회 성경암송대회, 반 편성 작업, 연간 평가회
	12		추수감사 발표	감사 표현하기(활동)	
	19		연말 당회	하반기 골든벨	
	26		교회학교 수료식	교회학교 수료식, 챈트 암송	

8. 커리큘럼

구약성경 이야기와 예수님의 초기 사역		예수님의 치유와 전 생애, 바울의 전도	
12월	하나님의 사람(사울과 다윗의 대립)	6월	고치심 1(왕의 신하의 아들)
	승리(다윗 왕의 통일)		고치심 2(베데스다 연못가에서)
	찬양해요(시편: 다윗의 성품 조명)		산상수훈(공생애 2년째)
	정직해요(다윗과 밧세바)		고치심 3(백부장의 종)
1월	솔로몬 1(지혜)	7월	천국(큰 자와 작은 자)
	솔로몬 2(성공과 실패)		잃은 양 비유
	분열왕국 이야기 1		달란트 비유
	분열왕국 이야기 2		빛과 소금

2월	나아만 장군 이야기	8월	풍랑을 잠잠케 하심
	요아스 이야기		오병이어 (공생애 3년째)
	히스기야 이야기		날 때부터 맹인인 자
	요시야 이야기		삭개오를 만나 주신 예수님
3월	엘리야 이야기	9월	성령님과 함께해요 (오순절 언어 목적)
	아모스 이야기 (포로기 이전 시작)		스데반 이야기
	요나 이야기		빌립 이야기
	이사야 이야기		바울 이야기
4월	예레미야 이야기 (포로기 이전 완료)	10월	교회 이야기
	다니엘 이야기 (포로기 시작)		1차 전도 여행
	에스겔 이야기 (포로기 완료)		2차 전도 여행
	스가랴 이야기 (포로기 이후)		3차 전도 여행
5월	세례, 시험을 받으신 예수님	11월	부활 후 제자들에게 나타나심
	제자를 삼으신 예수님		예수님의 지상명령
	가나의 혼인 잔치		예수님의 재림
	예수님, 우물가의 여인		성탄 이야기

교육 계획안
유치2부

1. 교육 표어

예수님을 알고 닮아 가는 어린이

2. 주제 성구

"예수는 지혜와 키가 자라 가며 하나님과 사람에게 더욱 사랑스러워 가시더라"(눅 2:52).

3. 교육 목표

어린이들이 예배와 말씀을 통해 구약과 신약에 나타난 하나님의 나라의 약속이 예수 그리스도를 통해 성취된다는 것을 알게하고, 예수 그리스도의 재림을 소망하며 하나님의 거룩한 자녀로서 살아가게 한다.

4. 실천 목표

1) 하나님을 알아 가는 아이들로 자라게 한다.
   ❶ 예배를 기쁨으로 드리는 어린이가 되게 한다(예배 훈련).
   ❷ 찬양을 기쁨으로 하는 어린이가 되게 한다(찬양 훈련).
   ❸ 기도를 기쁨으로 하는 어린이가 되게 한다(기도 훈련).

❹ 감사를 기쁨으로 하는 어린이가 되게 한다(감사 훈련).

2) 하나님을 사랑하는 아이들로 자라게 한다.
❶ 예배에 자발적으로 참여하도록 한다. 예) 율동 팀, 찬양대, 대표 기도, 헌금 위원
❷ 매일 찬양하는 삶을 살도록 지도한다. 예) 부서 SNS에 찬양을 올린다.
❸ 기도하는 어린이로 자라도록 한다. 예) 방학 기간(기도 달력 만들기)
❹ 감사하는 어린이가 되게 한다. 예) 감사 표현하기(일주일 동안 약속 실천하기)

5. 예배 순서

시간	소요 시간	세부 사항	담당자
10:50-11:05	15분	설교 포인트 지도 및 기도회	교역자
11:05-11:25	20분	환영 및 예배 준비	안내, 교사
11:25-11:40	15분	경배와 찬양, 예배송	담당 교사, 어린이 찬양단
11:40-11:45	5분	챈트, 대표기도	담당 교사
11:45-11:50	5분	큐맨, 챈트	담당 교사
11:50-11:55	5분	어린이 찬양	성가대
11:55-12:02	7분	드라마, 헌금	드라마 팀
12:02-12:05	3분	새가족 소개, 주기도문	교역자, 찬양 팀
12:05-12:20	15분	바이블 스토리 및 설교 말씀	담당 목사
12:25-12:45	20분	분반 공부, 특별활동	각 반별 교사
12:45-12:50	5분	광고 및 정리	부장
12:50-13:00	10분	동영상 시청	담당 교사
13:00-13:20	20분	교사 공과 지도안 및 기도회	교사 및 교역자

6. 교사 지침

1) 교사 수칙

❶ 모든 교사는 반드시 주일 낮 예배에 참석해야 한다.
❷ 예배 30분 전에 나와서 기도로 준비한다.
❸ 분기별 양육 보고서를 통해 교사의 반 관리 현황을 확인한다.
❹ 결석한 아이는 반드시 전화 심방하고, 2주 이상 결석한 아이는 방문 심방을 한다.
❺ 교육국에서 주관하는 교사 세미나 및 교사 강습회에 참석한다.

2) 중점 사역

❶ 예배
- 주일 예배를 철저하게 지킨다.
- 부모와 아이가 가정 예배지를 통해 공과 복습을 하고 가정 예배를 드린다.

❷ 말씀
- 주일 설교와 공과, 일관성 있는 말씀을 가르친다.
- 챈트를 통해 가정에서도 말씀 암송을 실천한다.

❸ 기도
- 각 가정이 기도 제목을 정해 기도한다.
- 자녀를 위한 기도문을 통해 기도한다.
- 분기별 기도 책자를 활용해 기도한다.

❹ 돌봄
- 매주 전화 심방을 한다.
- 연초 각 교사는 반 아이들의 각 가정 심방을 한다.
- 결석자는 반드시 가정 심방을 하며 생일 심방 및 애경사 심방을 한다.

❺ 전도
- 친구 초청 잔치와 성경학교 때 전도할 대상자를 정해 기도한다.
- 태신자 선물 전달 및 지속적인 노방 전도를 상시적으로 진행한다.

❻ 친교
- 새 친구 환영식을 하며, 반드시 선물 심방을 한다.
- 반별 모임 및 MT를 활성화한다.
- 교사 기도회 및 야유회를 통해 단합한다.

7. 연간 계획

❶ 전반기(12월-5월)

월	일	교육목회	주제	교회 행사	부서 일정	비고
12	4		친해지기	2017년 사역 발표	교사 소개, 반 편성	신입생 환영회, 명찰 제작, 반별 사진 촬영, 출석부 정리, 신상명세표 작성, 기도제목 작성
	11				드라마	
	18					
	25			성탄축하예배(25일)	성탄 카드 만들기, 챈트 암송	
1	1	믿음마루	싹틔우기	신년감사주일	기도 달력 만들기	교사 단합대회(14일) 반별 교사 심방, 반별 어린이 심방, 부모 교육(상반기)
	8				드라마	
	15			교사교육대회		
	22			직분자 수련회	챈트 암송	
	29				레크리에이션	
2	5		자라기	구정 연휴(8-10일)		전반기 교사 교육, 분기별 평가회
	12				드라마	
	19			교사대학		
	26			성장연구원, 문화센터	십계명 암송 대회	
3	5		하나되기			해피데이 준비
	12				드라마	
	19					
	26			문답식(24일), 세례(25일), 성찬식, 고난주간	챈트 암송	
4	2	사랑마루	어울리기	부활주일, 바구니 콘테스트	계란 꾸미기	노방 전도(한 달 동안) 예꼬 초청 잔치(4월)
	9			해피데이 발대식	드라마	
	16			부흥성회		
	23				예꼬 초청 잔치	
	30				챈트 암송	
5	7		챙기기	어린이주일	시편 23편 암송 대회	분기별 평가회
	14			어버이주일, 경로잔치	드라마, 카드 만들기	
	21			스승의주일	레크리에이션	
	28				챈트 암송	

❷ 후반기(6월-11월)

월	일	교육목회	주제	교회 행사	부서 일정	비고
6	4		친구되기	해피데이	상반기 골든벨	여름성경학교 준비
	11			여름 강습회	교사 강습회	
	18				드라마	
	25			단기선교		
7	2	섬김마루	함께 놀기	맥추감사주일	감사 표현하기(활동)	영·유치부 헌신예배(2일)
	9			교회학교 여름 행사	여름성경학교(14일)	
	16			목장 방학		
	23				드라마	
	30				레크리에이션	
8	6		함께 나아가기			후반기 교사 교육, 분기별 평가회, 부모 교육(하반기), 교사 단합대회(19일)
	13			목장 개학		
	20				드라마	
	27			성장연구원, 문화센터	성경목록가	
9	3		꿈꾸기			해피데이(9월), 노방 전도(한 달 동안)
	10				유치부 해피데이(17일)	
	17				레크리에이션	
	24			교육 콘퍼런스 (25-26일)	드라마	
10	1	소망마루	변화되기	추석 연휴(3-5일)		교사 연합 기도회
	8					
	15			특별새벽기도회	드라마	
	22			해피데이		
	29			문답식(27일), 세례(28일)	레크리에이션	
11	5		바라보기	성찬식		추수감사절 발표, 신입반 및 진급반 명단 정리, 반 편성 작업, 연간 평가회
	12			추수감사 발표	드라마	
	19			연말 당회	하반기 골든벨	
	26			교회학교 수료식	교회학교 수료식, 챈트 암송	

교육 계획안
유년부

1. 교육 표어
주의 나라를 위하여!
예배-교제-성장-사역-증거의 순으로 주제가 선정됩니다.

2. 주제 성구
"각각 은사를 받은 대로 하나님의 여러 가지 은혜를 맡은 선한 청지기 같이 서로 봉사하라"(벧전 4:10).

3. 교육 목표
〈사명선언문〉
드림교회 유년부는 예배를 통하여 하나님과 만나며(예배), 친구들과 사이좋게 지내려고 노력하며(교제), 예수님을 닮은 제자로 성장하며(성장), 하나님께 봉사하고 모든 것을 드릴 줄 알며(사역), 믿지 않는 친구들에게 복음을 전파한다(증거).
〈사명선언문〉은 아래 5대 비전을 토대로 만들어졌습니다.

4. 실천 목표

〈5대 비전〉

1) 충만한 예배

드림교회 유년부는 예배를 통하여 죄를 회개하고, 하나님과의 관계를 회복하며, 예수 그리스도의 은혜를 찬양하고, 날마다 믿음으로 승리할 수 있는 힘을 얻는다.

"아버지께 참되게 예배하는 자들은 영과 진리로 예배할 때가 오나니 곧 이때라 아버지께서는 자기에게 이렇게 예배하는 자들을 찾으시느니라"(요 4:23).

2) 하나 된 교제

드림교회 유년부는 하나님과의 뜨거운 만남, 교회 공동체 안에서 서로 간에 뜨거운 만남을 가짐으로 하나님 나라의 즐거움을 누린다.

"날마다 마음을 같이하여 성전에 모이기를 힘쓰고 집에서 떡을 떼며 기쁨과 순전한 마음으로 음식을 먹고"(행 2:46).

3) 장성한 성장

드림교회 유년부는 하나님의 말씀을 꾸준히 듣고 배워, 하나님의 말씀을 사랑하며, 말씀으로 변화하며, 말씀대로 살아간다.

"내가 너희에게 분부한 모든 것을 가르쳐 지키게 하라 볼지어다 내가 세상 끝 날까지 너희와 항상 함께 있으리라 하시니라"(마 28:20).

4) 역동적 사역

드림교회 유년부는 내게 있는 모든 것이 하나님이 주신 것임을 믿으며, 시간을 드려 봉사하고, 건강한 헌금 생활을 지킨다.

"각각 은사를 받은 대로 하나님의 여러 가지 은혜를 맡은 선한 청지기같이 서로 봉사하라"(벧전 4:10).

5) 헌신적 증거

드림교회 유년부는 지역에 있는 초등학교와 어린이들을 가슴에 품고, 기도하며, 예수님은 나의 구원자이시며, 살아 계신 하나님의 아들이신 것을 증거한다.

"오직 성령이 너희에게 임하시면 너희가 권능을 받고 예루살렘과 온 유대와 사마리아와 땅 끝까지 이르러 내 증인이 되리라 하시니라"(행 1:8).

5. 예배 순서

시간	세부 사항	담당자
11:00-11:15	교사 기도회	교역자
11:15-11:25	환영하기	담당 교사
11:25-11:50	신나는 찬양 시간	조이 찬양대
11:50-11:51	대표기도	대표 학생
11:51-11:54	특송	매주 2개 반 연합
11:54-11:55	예배송	교역자
11:55-12:10	설교	교역자
12:10-12:15	헌금송, 헌금	헌금 위원
12:15-12:20	새 친구 소개, 헌금 기도, 축도	교역자
12:20-12:22	광고	부장
12:22-12:25	복습 게임	담당 교사
12:25-12:45	공과 공부	각 반 담임 교사
12:45-13:00	교사 모임	교역자

6. 교사 지침

1) 교사의 훈련과 영성

❶ 목요 교사 기도회(매월 첫째 목요일 저녁 8시)

❷ 교사 성경 공부(매주 목요일 저녁 8시, 1학기: 사복음서, 2학기: 모세오경)
❸ 해피데이, 성경학교 행사 시 릴레이 금식 기도 및 특별새벽기도회 실시

2) 새 친구 관리
❶ 새가족부에서 2주간 관리('4영리' 통한 복음 제시)
❷ 3주: 등반
❸ 등반 후 2주 안에 담당 교사와 교역자가 학교나 가정으로 심방

3) 결석자 관리
❶ 1회 결석 시 교역자 전화 심방, 교사 심방
❷ 한 달 이상 결석 시 교역자와 부장 심방
❸ 3개월 이상 결석 시 장기 결석자로 편성해 따로 관리

4) 심방
❶ 부모 심방: 12월 안에 부모 심방 완료('부모와 함께하는 초등부 SNS'에 초대)
❷ 교사 심방: 12-1월 교사 심방 실시
❸ 학교 심방: 1학기, 2학기 각 학교별 학생 심방

7. 학생 훈련
1) 제자훈련
1학기 6주간, 2학기 6주간 실시하며, 전체 4학기 수료를 마친 경우 최종 유년부 제자훈련 과정을 수료하게 된다.

2) 매일 성경 읽기와 기도 훈련

하루에 성경 1장, 하루에 5분 이상 기도하는 아이들로 훈련한다(일주일에 5회 이상 참여하는 아이들에게 분기별로 시상).

3) 어린이 큐티 및 가정 예배

일주일에 큐티 3회, 가정 예배 1회 이상을 독려해 말씀을 묵상하며 예배하는 아이들로 자라나게 한다.

8. 연간 계획

❶ 전반기(12월-5월)

월	일	주일 행사 및 절기	주중 사역	교회 행사 및 공휴일	주요 행사
12	4	진급 예배	교사 수련회(2일)	2017회기 사역 발표	친해지길 바라
	11	생일파티		공동의회	
	18				
	25			성탄축하예배(25일), 송구영신예배(31일)	
1	1	신년감사주일, 생일파티			겨울 성경학교
	8		겨울성경학교 (2 1일)		
	15			교사대회(24-25일)	
	22			설 연휴(27-30일)	
	29	코너 학습			
2	5	생일파티			유 · 초 · 소 연합 특새
	12				
	19		유 · 초 · 소 연합 특새(20-22일)	교사대학(20-22일)	
	26	코너 학습	꿈마루 제자훈련 (4일)	성장연구원, 문화센터 개강	

월	일	주일 행사 및 절기	주중 사역	교회 행사 및 공휴일	주요 행사
3	5		생일파티, 학교 심방 시작		부활절
	12	해피데이 발대식			
	19	성찬 · 고난주간			
	26	부활절			
4	2	생일파티			해피데이
	9				
	16	해피데이			
	23				
	30	해피데이 후속 조치, 코너 학습			
5	7	어린이주일, 생일파티		석가탄신일(3일)	성경골든벨
	14	어버이주일, 성경 골든벨 예상 문제지 배부			
	21	스승의주일			
	28	성경골든벨 1(나무 팀)			

❷ 후반기(6월-11월)

월	일	주일 행사 및 절기	주중 사역	교회 행사 및 공휴일	주요 행사
6	4	생일파티		현충일(6일)	여름성경학교 준비
	11				
	18				
	25	코너 학습			
7	2	생일파티			여름성경학교
	9				
	16		여름성경학교 (21-22일)		
	23				
	30	코너 학습			

8	6	생일파티			유·초·소 연합 부흥 축제
	13		유·초·소 연합 부흥 축제 (17-18일)	광복절(15일)	
	20				
	27	코너 학습			
9	3	생일파티	학교 심방 시작		학교 심방
	10		꿈마루 제자훈련 (21일)		
	17				
	24	코너 학습		교회교육 콘퍼런스 (25-26일)	
10	1	생일파티		추석 연휴(3-6일)	레인보우 축제
	8		레인보우 축제 (14일)		
	15				
	22				
	29	코너 학습			
11	5	생일파티, 성경 골든벨 예상 문제지 배부		문답식, 세례식	성경 골든벨, 졸업 예배
	12	추수감사절			
	19	성경 골든벨 2(나무 팀)			
	26	졸업 예배, 코너 학습			

· 교역자 교사 심방: 12-1월
· 임원 회의: 한 달에 1회, 필요시 소집

교육 계획안
초등부

1. 교육 표어

주의 나라를 위하여!
예배-교제-성장-사역-증거의 순으로 주제가 선정됩니다.

2. 주제 성구

"각각 은사를 받은 대로 하나님의 여러 가지 은혜를 맡은 선한 청지기 같이 서로 봉사하라"(벧전 4:10).

3. 교육 목표

〈사명선언문〉

드림교회 초등부는 예배를 통하여 하나님과 만나며(예배), 친구들과 사이좋게 지내려고 노력하며(교제), 예수님을 닮은 제자로 성장하며(성장), 하나님께 봉사하고 모든 것을 드릴 줄 알며(사역), 믿지 않는 친구들에게 복음을 전파한다(증거).
〈사명선언문〉은 아래 5대 비전을 토대로 만들어졌습니다.

4. 실천 목표

〈5대 비전〉

1) 충만한 예배

드림교회 초등부는 예배를 통하여 죄를 회개하고, 하나님과의 관계를 회복하며, 예수 그리스도의 은혜를 찬양하고, 날마다 믿음으로 승리할 수 있는 힘을 얻는다.

"아버지께 참되게 예배하는 자들은 영과 진리로 예배할 때가 오나니 곧 이때라 아버지께서는 자기에게 이렇게 예배하는 자들을 찾으시느니라"(요 4:23).

우리 초등부는 주일마다 드려지는 예배를 통하여 하나님과 관계를 회복하고, 깨어졌던 인간관계를 회복하며, 죄를 회개하고, 비전을 발견하며, 다른 사역들을 감당할 수 있는 힘과 은혜를 체험한다. 그러기에 우리 초등부는 어린이들의 모든 삶이 하나님을 찬양하고 예배하는 삶이 되도록 교육한다.

2) 하나 된 교제

드림교회 초등부는 하나님과의 뜨거운 만남, 교회 공동체 안에서 서로 간에 뜨거운 만남을 가짐으로 하나님 나라의 즐거움을 누린다.

"날마다 마음을 같이하여 성전에 모이기를 힘쓰고 집에서 떡을 떼며 기쁨과 순전한 마음으로 음식을 먹고"(행 2:46).

우리 초등부는 어린이 개개인이 하나님을 만나게 할 뿐만 아니라 초등부 공동체 안에서 서로 나누고 함께 어우러져 살아가는 온전한 인격체로 세워 간다.

- 반별 추억 만들기, 반별 심방, 드라마 활동, 찬양 팀 활동

3) 장성한 성장

드림교회 초등부는 하나님의 말씀을 꾸준히 듣고 배워, 하나님의 말씀을 사랑하며, 말씀으로 변화하며, 말씀대로 살아간다.

"내가 너희에게 분부한 모든 것을 가르쳐 지키게 하라 볼지어다 내가 세상 끝날까지 너희와 항상 함께 있으리라 하시니라"(마 28:20).

우리 초등부는 어린이들이 예수님과 지속적으로 교제하고, 예수님처럼 자라 가며, 세상을 변화시키는 위대한 꿈을 꾸는 하나님의 자녀가 될 수 있도록 말씀으로 꾸준하게 지도하며 양육한다.

〈초등부 제자훈련〉

- 내용: 제자교육을 통해 참된 그리스도의 제자로 양육한다.
- 기간: 총 8주(봄-가을 1학기: 제자훈련 실시 / 봄-가을 2학기: 제자훈련 실시)
- 회비: 5-10만 원

〈삶을 터치하는 공과 공부〉

공과 공부는 설교 시간이 아니다. 설교는 교역자의 몫이고 교사는 공과 공부 시간을 통해서 아이들의 삶을 터치한다. 말씀을 아이들의 삶에 적용하고 나눌 수 있는 공과 진행 시스템을 갖춘다.

4) 역동적 사역

드림교회 초등부는 내게 있는 모든 것이 하나님이 주신 것임을 믿으며, 시간을 드려 봉사하고, 건강한 헌금 생활을 지킨다.

"각각 은사를 받은 대로 하나님의 여러 가지 은혜를 맡은 선한 청지기같이 서로 봉사하라"(벧전 4:10).

하나님이 어린이들에게 주신 달란트와 재능을 잘 발견해 초등부의 사역에 적극적으로 참여하고, 세상에서도 받은 재능과 달란트를 살려 봉사하는 어린이가 되도록 교육한다.

- 찬양 팀, 드라마 팀, 각 반별 반장 사역, 스쿨처치 모임
- 소그룹 활동 방안 모색

5) 헌신적 증거

드림교회 초등부는 지역에 있는 초등학교와 어린이들을 가슴에 품고, 기도하며, 예수님은 나의 구원자이시며, 살아 계신 하나님의 아들이신 것을 증거한다.

"오직 성령이 너희에게 임하시면 너희가 권능을 받고 예루살렘과 온 유대와 사마리아와 땅 끝까지 이르러 내 증인이 되리라 하시니라"(행 1:8).

우리 초등부는 지역에 있는 초등학교와 어린이들을 가슴에 품고, 기도하며, 예수님이 생명의 주인이시고, 우리 삶을 돌보시고 인도하신다는 것을 증거한다.

- 새 학기(봄) 학교 전도
- 해피데이, 레인보우 축제
- 반별 관계 전도

5. 예배 순서

순서	시간	담당자	내용	조명
성경 읽기	09:10-09:25 (15분)	총무 미디어 팀	성경 읽기 파일을 틀어 놓고 성경을 눈으로 읽으면서 성경 통독을 한다.	전체 on, 서치 on
찬양	09:25-09:40 (15분)	찬양 팀, 미디어 팀	• 격주로 사도신경과 주기도문으로 예배를 연다. • 물 흐르듯이(많은 멘트보다) 고백송-기쁨송(율동 한두 곡, 때로는 부르지 않아도 무방함)-경배송 순으로 찬양을 진행한다. • 앞에 선 아이들의 위치와 표정과 태도를 바르게 해 회중을 동참시킨다. • 마지막은 합심기도로 마무리하되, 찬양 팀은 대표기도자가 기도를 마무리할 때까지 기다린다.	전체 off, 서치 on

기도	09:40–09:42 (2분)	대표 기도	대표기도자는 미리 준비해 앞으로 나와 기도한다.	전체 off, 서치 on
경배송	09:42–09:45 (3분)	교역자	담당 목사가 나와 예배자들이 하나님께 예배하고 있음을 찬양으로 숙지하게 한다.	전체 off, 서치 on
설교	09:45–10:05 (20분)	교역자	말씀 봉독을 위해 성경을 찾을 때 찬양 팀은 조용히 퇴장한다. (잡담 없이, 어수선하지 않게 퇴장 연습이 필요함)	전체 on, 서치 on
결단 찬양	10:05–10:10 (5분)	교역자	당일 설교 본문과 일치된 찬양으로 한다. (찬양 팀은 빠르게 자리에 위치한다.)	전체 off, 서치 on
결단 기도, 헌금 기도, 축도	10:10–10:15 (5분)	교역자		전체 off, 서치 on
새 친구 환영 및 광고	10:15–10:20 (5분)	행사 공연 팀	밝고 명랑하게 새 친구를 환영하는 시간이다. 인도자는 축도가 끝난 직후 곧바로 입장해서 진행한다.	전체 on, 서치 on
공과	10:20–10:35 (15분)	담임 교사		전체 on, 서치 on

6. 반 관리 지침

- 1) 교사의 훈련과 영성
    - ❶ 교사 교육 및 팀장 회의(매월 둘째 주 금요일 저녁 7시)
    - ❷ 교사 기도회(매월 둘째 주 금요일 저녁 8시), 7시 임원 회의

2) 새신자 관리

❶ 담당 교역자가 새 친구를 만나 복음을 전한다.
❷ 새가족부에서 2주간 관리('4영리' 통한 복음 제시)
❸ 넷째 주: 등반
❹ 등반 후 2주 안에 담당 교사와 교역자가 학교에서나 가정 심방

3) 결석자 관리

❶ 1회 결석 시 전화 심방
❷ 2회 결석 시 방문 및 부모님 전화 심방
❸ 3회 결석 시 교역자와 부장에게 알려 조치
❹ 3개월 이상 결석 시 새신자로 관리

4) 장기 결석자 및 제적

❶ 3개월 이상 결석 시 제적이 아닌 새신자로 관리
❷ 새신자는 각 반 이름의 새신자반으로 편입되어 담당 교사가 정기적으로 관리

5) 심방

❶ 부모 심방: 12월 안에 부모 심방 완료
❷ 학생 심방: 일주일에 1회 이상 심방

6) 반 운영 노하우

❶ 반 안에서 지도적인 영향을 끼치는 어린이에게 교사의 임무(연락, 출석부 체크 등)를 일부 이양해 적극적인 동참을 유도하면 좋습니다.

❷ 어린이가 교회에 오고 갈 때에는 큰 소리로 반갑게 인사합니다
(사랑이 담긴 가벼운 스킨십은 괜찮지만, 또래의 특성을 고려해 스킨십을 싫어하는 어린이가 있을 수 있으므로 주의해야 합니다).

❸ 어린이와 대화 중에 중요하다고 생각되는 내용(가정사, 친구, 학교생활)은 반드시 기록하고 숙지해 다음에 어린이와 대화할 때 언급합니다. 그러면 교사가 자신에게 관심을 가지고 있음을 알게 되어 친근감을 느낄 수 있습니다(양육 일지에 기록하거나 전화로 교역자에게 보고).

❹ 어린이에게 좋은 교육을 제공하고자 한다면 부모들과 신뢰 관계를 쌓을 수 있도록 노력하십시오.

❺ 반 어린이의 은사가 적극적으로 개발될 수 있도록 평상시에 어린이들을 사랑과 관심을 가지고 바라보십시오.

❻ 활동성이 큰 어린이인 경우에는 교사의 옆자리에 앉히도록 합니다.

❼ 어린이를 바라볼 때에는 '장래에 하나님이 어떻게 쓰실까?' 하는 기대를 가지고 바라보십시오.

❽ 어린이들이 예배 장소로 들어오기 전에 미리 가서 어린이들을 영접합니다.

7) 어린이 심방(전화, 방문)

❶ 매일 반 어린이의 이름을 부르며 기도합니다.
❷ 가능하면 1년에 한 번은 가정 심방이 이루어지도록 합니다.
❸ 매주 1회 이상 전화 심방합니다(핸드폰 문자, 이메일, SNS를 활용).
❹ 전화 심방 시 부모가 전화를 받았을 때 바로 어린이를 바꾸어 달라고 하기 전에 부모와 간단하게 이야기할 수 있는 소재를 준

비합니다(전화하기 전에 부모에 대한 기초적인 지식을 어린이 또는 교회생활, 전임 교사를 통해 확보하면 좋습니다).

❺ 부모와 통화할 때 어린이의 장점을 한두 가지 이야기하면 자연스럽게 어린이에 대한 다양한 이야기를 나눌 수 있는 토대를 가지게 됩니다. 이것은 부모들의 호감을 살 수 있으며, 중요한 교육자원이 됩니다. 특히 믿지 않는 가정인 경우 더욱 필요합니다.

❻ 반 어린이의 생일은 꼭 챙깁시다.

8) 교사 규칙

❶ 결석할 사유가 있을 때 3일 전까지 담당 교역자, 부장, 부감에게 연락을 합니다.

❷ 무단결석을 3주 계속할 때에는 벌칙이 있습니다.

❸ 매월 둘째 주 금요일 저녁에는 초등부를 위한 집중 기도회가 있습니다. 필참입니다.

❹ 교사는 말씀, 기도, 전도 등 자신의 경건생활을 위해서 스스로 노력합니다.

❺ 주일에는 오전 9시까지 올 수 있도록 최선을 다합니다.

❻ 늘 자신을 돌아보고 개발하며 긍정적인 마인드를 갖습니다.

7. 연간 계획

❶ 전반기(12월-5월)

월	일	주일 행사 및 절기	주일 외 행사 및 연례 행사	비고
12	4	성경 일독 실시(신약부터), 큐티 훈련 시작(매일성경), 신입생 환영회, 교회별 관계 중심 분반 공부	12-1월 중 교사 대심방, 신년 교사 수련회(1일)	• 12월 한 달은 공과 없이 관계 중심적인 아젠다로 교회별로 분반 공부 진행 • 12월 중에 교회별 또는 반별로 단합회 실시 • 12월 한 달은 교회에서 반을 편성
	11	교회별 관계 중심 분반 공부	신년 교사 회식(8일)	
	18	교회별 관계 중심 분반 공부		
	25	예수님과 우리들의 생일 파티, 치킨데이(전도 행사)	성탄절: 선물(가방이나 큐티 책 〈저학년용〉), 3단 케이크	
1	1	신년맞이감사예배		
	8	겨울성경학교 가정통신문 배부	성경통독학교(14일)	
	15			
	22			
	29	생일파티, 겨울성경학교 신청서 받기		
2	5	스쿨처치 지원자 모집	겨울성경학교(교회, 10-12일)	2월 중에 겨울성경학교 후기 프로그램 실시(팀장 교사 모임 때 결정)
	12	스쿨처치 지원자 모집		
	19	1학기 1차 제자훈련 모집	스쿨처치 반장 기도 훈련(18일), 유·초·소 특새(20-22일)	
	26	생일파티, 짜장범벅데이(전도 행사), 1학기 1차 제자훈련 모집	스쿨처치 반장 기도 훈련(25일)	
3	5		스쿨처치 전체 기도 훈련(4일), 제자훈련과 MT 실시 (3/4[토]-4/8일[토])	• 3월부터 방학 때까지 스쿨처치 모임 방문 • 3월부터 학교별로 심방 실시
	12		스쿨처치 전체 기도 훈련(11일), 제자훈련(11일)	
	19		제자훈련(18일)	
	26	생일파티	제자훈련(25일)	

월	일	주일 행사 및 절기	주일 외 행사 및 연례 행사	비고
4	2	해피데이(목표 인원 250명)	제자훈련(1일), 제자훈련 MT(7-8일)	의무적으로 하루 한 끼 금식한 재정(한 끼당 2,000원)을 모아서 지역 구제비로 사용
	9	종려주일	고난주간(10-15일)	
	16	부활주일, 1학기 2차 제자훈련 모집		
	23	1학기 2차 제자훈련 모집	제자훈련과 MT 실시 (4/29[토]-6/3[토])	
	30	생일파티	제자훈련(6일)	
5	7		제자훈련(13일)	
	14		제자훈련(20일)	
	21	성경 골든벨	제자훈련(27일)	
	28	생일파티	제자훈련 MT(2-3일)	

❷ 후반기(6월-11월)

월	일	주일 행사 및 절기	주일 외 행사 및 연례 행사	비고
6	4		성경통독학교(10일)	
	11			
	18			
	25	생일파티, 닭꼬치데이(전도 행사): 우리 반 100% 출석 주일		
7	2	여름성경캠프 준비 및 1차 광고, 가정통신문, 맥추감사절	여름성경캠프를 위한 릴레이금식기도(6-19일)	
	9			
	16			
	23			
	30	생일파티, 여름성경캠프 준비 및 참가 신청서 접수	여름성경캠프를 위한 특별새벽기도회(7/31-8/5)	

8	6	여름성경캠프 준비 및 최종 광고	여름성경캠프(10-12일)	8월 중에 여름성경캠프 후기 프로그램 실시(팀장 교사 모임 때 결정)
	13		유 · 초 · 소 부흥 축제(17-18일)	
	20	2학기 3차 제자훈련 모집		
	27	생일파티, 영화데이(전도 행사): 토요일, 2학기 3차 제자훈련 모집		
9	3		제자훈련과 MT 실시 (9/2[토]-10/7[토]), 제자훈련(9일)	
	10		제자훈련(16일)	
	17		제자훈련(23일)	
	24	생일파티	제자훈련(30일)	
10	1		제자훈련 MT(6-7일)	
	8		레인보우	
	15			
	22			
	29	생일파티, 짜장범벅데이(전도행사)		
11	5	추수감사주일 광고		
	12	성경 골든벨		
	19	추수감사주일		
	26	졸업 예배, 생일파티		

교육 계획안
소년부

1. 교육 표어
주의 나라를 위하여!
예배-교제-성장-사역-증거의 순으로 주제가 선정됩니다.

2. 주제 성구
"각각 은사를 받은 대로 하나님의 여러 가지 은혜를 맡은 선한 청지기 같이 서로 봉사하라"(벧전 4:10).

3. 교육 목표
〈사명선언문〉

드림교회 소년부는 예배를 통하여 하나님과 만나며(예배), 친구들과 사이좋게 지내려고 노력하며(교제), 예수님을 닮은 제자로 성장하며(성장), 하나님께 봉사하고 모든 것을 드릴 줄 알며(사역), 믿지 않는 친구들에게 복음을 전파한다(증거).

〈사명선언문〉은 아래 5대 비전을 토대로 만들어졌습니다.

4. 실천 목표

〈5대 비전〉

1) 충만한 예배

드림교회 소년부는 예배를 통하여 죄를 회개하고, 하나님과의 관계를 회복하며, 예수 그리스도의 은혜를 찬양하고, 날마다 믿음으로 승리할 수 있는 힘을 얻는다.

"아버지께 참되게 예배하는 자들은 영과 진리로 예배할 때가 오나니 곧 이때라 아버지께서는 자기에게 이렇게 예배하는 자들을 찾으시느니라"(요 4:23).

2) 하나 된 교제

드림교회 소년부는 하나님과의 뜨거운 만남, 교회 공동체 안에서 서로 간에 뜨거운 만남을 가짐으로 하나님 나라의 즐거움을 누린다.

"날마다 마음을 같이하여 성전에 모이기를 힘쓰고 집에서 떡을 떼며 기쁨과 순전한 마음으로 음식을 먹고"(행 2:46).

3) 장성한 성장

드림교회 소년부는 하나님의 말씀을 꾸준히 듣고 배워, 하나님의 말씀을 사랑하며, 말씀으로 변화하며, 말씀대로 살아간다.

"내가 너희에게 분부한 모든 것을 가르쳐 지키게 하라 볼지어다 내가 세상 끝 날까지 너희와 항상 함께 있으리라 하시니라"(마 28:20).

4) 역동적 사역

드림교회 소년부는 내게 있는 모든 것이 하나님이 주신 것임을 믿으며, 시간을 드려 봉사하고, 건강한 헌금 생활을 지킨다.

"각각 은사를 받은 대로 하나님의 여러 가지 은혜를 맡은 선한 청지기같이 서로 봉사하라"(벧전 4:10).

5) 헌신적 증거

드림교회 소년부는 지역에 있는 초등학교와 어린이들을 가슴에 품고, 기도하며, 예수님은 나의 구원자이시며, 살아 계신 하나님의 아들이신 것을 증거한다.

"오직 성령이 너희에게 임하시면 너희가 권능을 받고 예루살렘과 온 유대와 사마리아와 땅 끝까지 이르러 내 증인이 되리라 하시니라"(행 1:8).

5. 예배 순서

시간	내용	담당자
9:00-9:20	교사 기도회	교역자, 부장
9:20-9:25	환영하기	교사
9:25-9:45	은혜의 찬양	찬양단
9:45-9:47	대표기도	대표 학생
9:47-9:50	경배송	교역자, 찬양단
9:50-10:10	설교	교역자
10:10-10:11	헌금송, 헌금	헌금 위원
10:11-10:16	새 친구 소개, 헌금 기도, 축도	교역자
10:16-10:20	광고	부장
10:20-10:40	공과 공부	각 반 담임 교사
10:40-11:00	교사 회의	교역자, 부장

6. 교사 지침

1) 교사의 훈련과 영성

매월 교사 기도회(매월 둘째 주 금요일 저녁 8시)

2) 새 친구 관리
  ❶ 1주차: '솔라리움'을 통한 교제 및 색깔 복음 제시
  ❷ 2주차: 등반

3) 결석자 관리
  ❶ 1회 결석 시 전화 심방
  ❷ 1개월 이상 결석 시 교역자와 부장에게 알려 조치
  ❸ 3개월 이상 결석 시 장기 결석자로 편성해 따로 관리

4) 심방
  ❶ 부모 심방: 12월 안에 심방 완료('부모와 함께하는 소년부 SNS'에 초대)
  ❷ 학생 심방: 매주 전화 및 문자 심방

7. 연간 계획

❶ 전반기(12월-5월)

월	일	주일 행사 및 절기	주중 사역	교회 행사 및 공휴일	주요 행사
12	4	진급 예배	교사 수련회(2일)	2017회기 사역 발표	가정 심방
	11	연탄 나눔 안내문 배부		공동의회	
	18	겨울캠프 안내문 배부		성탄 발표(21일)	
	25	성탄축하예배		송구영신예배(31일)	
1	1	신년감사주일			겨울 성경학교
	8		겨울캠프(13-14일)		
	15		사역 팀 MT (20-21일)	교육대회	
	22				
	29	제자훈련 안내문 배부			

월	일	주일 행사 및 절기	주중 사역	교회 행사 및 공휴일	주요 행사
2	5				유·초·소 연합 특새
	12	특새 안내문 배부	제자훈련 개강(18일), 스쿨처치 기도 모임 (18, 25일)	교사대학(13-15일)	
	19		유·초·소 연합 특새(20-22일)		
	26			설 연휴(27-30일)	
3	5		학교 심방 시작		스쿨처치 학교 심방
	12				
	19				
	26	해피데이 발대식			
4	2				해피데이
	9	성찬·고난주간	고난주간 영상 큐티		
	16	소통 안내문 배부, 부활절			
	23				
	30	해피데이	소통(4/29-5/27)	석가탄신일(3일)	
5	7	해피데이 후속 조치, 어린이주일			부모와 함께하는 성경 통독 (창세기)
	14	어버이주일, 스승의주일, 성경 골든벨 예상 문제지 배부			
	21				
	28	성경골든벨, 자전거 여행 안내문 배부			

❷ 후반기(6월-11월)

월	일	주일 행사 및 절기	주중 사역	교회 행사 및 공휴일	주요 행사
6	4		여름성경학교 준비 시작	현충일(6일)	자전거 여행
	11		자전거 여행(17일)		
	18				
	25				

7	2			여름성경학교 준비
	9	여름캠프 안내문 배부		
	16			
	23			
	30	제자훈련 안내문 배부	레인보우 축제 준비 시작	
8	6	부흥 축제 안내문 배부	여름캠프(3-5일)	유·초·소 연합 부흥 축제
	13		유·초·소 연합 부흥 축제(17-18일), 제자훈련 개강(19일)	광복절(15일)
	20		스쿨처치 기도 모임 (26일)	교사대학(21-23일)
	27			
9	3		학교 심방 시작		스쿨처치 학교 심방
	10			
	17			
	24			교회교육 콘퍼런스 (25-26일)
10	1			개천절(3일), 추석 연휴(3-6일)	레인보우 축제
	8		레인보우 축제 (14일)	
	15			
	22			
	29	연탄 나눔 안내문 배부		
11	5	성경 골든벨 예상 문제지 배부		문답식, 세례식	사랑의 연탄 나눔
	12	추수감사절		사랑의 연탄 나눔(18일)
	19	성경 골든벨		
	26	졸업 예배		

· 교역자 교사 심방: 12월
· 임원 회의: 매월 기도회 전 7시

교육 계획안
청소년부

1. 교육 표어

Designed by God(나를 향한 하나님의 디자인)

2. 주제 성구

"우리는 그가 만드신 바라 그리스도 예수 안에서 선한 일을 위하여 지으심을 받은 자니 이 일은 하나님이 전에 예비하사 우리로 그 가운데서 행하게 하려 하심이니라"(엡 2:10).

3. 교육 목표 및 실행 방안

1) 크리스천으로서 바른 정체성 갖기
  ❶ 구원의 확신을 가지고 살아가기
  ❷ 학교 기도회에 참석하면서 믿음의 본을 보이기

2) 청소년부 안에서 바른 정체성 갖기
  ❶ 수련회, Ask 등 청소년부 모임에 적극적으로 참여하기
  ❷ 학년별 프로그램(아웃팅) 강화로 학년 안에서 자리매김하기

3) 가정 안에서 바른 정체성 갖기
❶ 학부모 초청 예배 등 가정 사역에 더욱더 힘쓰기
❷ 학부모 교육 커리큘럼 개설하기

4) 세상 속에서 바른 정체성 갖기
❶ 영적인 승리자를 세우기 위한 학생 기도 능력 강화하기
❷ 계속해서 학교 기도 인도자 발굴하기

4. 청소년부 실행 목회 철학

모든 청소년들에게 예수 그리스도를 알게 하고(Be a Christian),
그들을 예수 그리스도의 제자 삼고(Be a Disciple),
그들로 하여금 하나님 나라의 일꾼이 되도록 한다(Be a Minister).

1) 신자화(Be a Christian): 전체 학생의 90% 목표 – 수련회 참석

크리스천의 80% 이상이 20세 이전에 회심을 경험했고, 상당히 많은 비율의 크리스천들이 13세 이후, 즉 청소년기에 강력한 영적인 체험을 하고 있다. 현재 대한민국의 20%의 청소년들만이 기독교로 자기 신앙을 나타내고 있는데, 80%의 비신자들이 남아 있는 청소년기는 복음의 최고의 황금어장이다. 따라서 청소년 사역자는 이 땅의 수많은 청소년을 먼저 주님께로 인도할 수 있어야 한다.

2) 제자화(Be a Disciple): 전체 학생의 60% 목표 – 제자훈련

현재 대한민국 청소년들의 신앙 상태는 아주 낮은 것으로 나타나

있다. 교회에 출석하는 70%의 학생들이 꾸준한 기도 생활을 하지 않고 있고, 50% 이상의 학생들이 한 번도 큐티를 해본 적이 없고, 70% 이상의 학생들이 교회에서 하는 영적인 프로그램에 거의 동참하지 않고 있다. 따라서 청소년 사역자는 현재 교회에 출석하고 있는 학생들을 영적으로 훈련시켜서 그리스도의 제자로 반드시 만들어야 한다.

3) 일꾼화(Be a Minister): 전체 학생의 40% 목표 – 사역 팀 동참

고등학교 졸업과 동시에 80% 이상의 학생들이 교회를 떠나가고 있고, 교회는 더 이상 젊은 세대들에게 관심과 흥미를 주지 못하고 있다. 이 부분은 학생들이 고등학생 때 신앙의 깊이를 체험하지 못했고, 하나님 나라의 일꾼으로 만들어지지 못했기 때문이다. 따라서 청소년 사역자는 학생들이 고등학교를 졸업하기 전까지, 세상 속에 나가서 세상을 변혁할 수 있는 하나님 나라의 역군들로 만들어야 한다.

5. 교육 활동 및 계획

❶ 전반기(12월-5월)

월	일	절기 및 주요 행사	설교 및 훈련	모임 및 회의	교회 행사
12	4	입학 예배, 반별 OT (이름, 생일, 기도 제목)	신앙의 코어 시리즈	겨울수련회 준비위원회 구성, Ask 10	교사 심방
	11	달력 만들기 사진 콘테스트, 제자훈련 접수, 교사 MT(16-17일)		교사 MT	
	18	회장단 MT(23-24일), 피자데이	제자훈련 시작	회장단 MT	
	25	성탄축하예배, 스킷 예배		부장, 팀장, 임원 회의	

월	일				
1	1	신년감사주일, 중등부 수련회(2-4일)		중등부(2-4일)	수련회 기간 (27-30일), 설 연휴
	8	고등부 수련회(12-14일)	에베소서 시리즈	고등부(12-14일)	
	15	교사대회(15일)			
	22	스킷 예배, 피자데이		부장, 팀장, 임원 회의	
	29	설 연휴(27-30일)			
2	5			ASK 10	학생 전체 반별 심방
	12	비전트립 접수 마감		고 2, 3 아웃팅 (18-19일)	
	19	제자훈련 모집 시작, 교사대학(13-15일)	제자훈련 모집 시작	사역 팀 MT(24일)	
	26	특새(20-24일), 사역 팀 모집, 스킷 예배		풋살 대회, 부장, 팀장, 임원 회의	
3	5	춘계 학생 학교 심방 기간	제자훈련 시작, 학부모 교육 시작	고등학교부터 학교 심방	학교 심방 기간, 교회 특새 (21-25일)
	12	치킨데이	학습, 세례 교육(토)	ASK 10	
	19	새 친구(태신자) 작정	학습, 세례 교육(토)	중 3, 고 1 아웃팅 (17-18일)	
	26	스킷 예배	학습, 세례 문답	부장, 팀장, 임원 회의	
4	2	학부모 클리닉(2, 9일)		비전트립 모임	학교 심방 기간
	9			ASK 10	
	16	부활절 촛불 예배		중 1, 2 아웃팅 (21-22일)	
	23	학부모 초청 예배			
	30	스킷 예배, 중간고사 기간 시작		부장, 팀장, 임원 회의	
5	7			부모님 초청 예배	학교 전도 기간
	14	어버이주일, 성경퀴즈대회		ASK 10	
	21	스승의주일, 삼겹살데이	새 친구 초청을 위한 기도 주간		
	28	해피데이		부장, 팀장, 임원 회의	

❷ 후반기(6월-11월)

월	일	절기 및 주요 행사	설교 및 훈련	모임 및 회의	교회 행사
6	4			야구장 관람, 여름수련회 준비위원회 발족	
	11	피자데이, 한마음 레크리에이션	레위기 시리즈	ASK 10	
	18	1차 가정통신문 배포			
	25	2차 가정통신문 배포, 스킷 예배			
7	2	기말고사 기간, 맥추감사주일, 수련회 접수 시작, 교사 MT(9일)	제자훈련 모집 시작	ASK 10, 교사 MT	맥추감사절 (2일), 수련회 준비 기간
	9				
	16	수련회 최종 점검, 피자데이	제자훈련 시작		
	23	여름수련회(23-26일)		부장, 팀장, 임원 회의	
	30			학부모 소식지 발송	
8	6	해피데이 준비위원회 발족, 비전트립(7-11일)	이성 교제 설교 시작(7주)		수련회 사후 기간
	13	제자훈련반 모집, 청소년 부흥 축제(12-13일)	제자훈련 모집 시작	학년별 모임	
	20			부흥 축제	
	27	스킷 예배, 추계 학교 심방, 피자데이		부장, 팀장, 임원 회의, 중학교부터	
9	3	청소년부 헌신 예배, 태신자 작정 카드	제자훈련 시작	ASK 10	콘퍼런스 (26일), 학교 심방 기간
	10	혼전순결 서약식			
	17	학습, 세례, 입교 홍보	학습 교육(24일)		
	24	스킷 예배	세례 교육(1일)	부장, 팀장, 임원 회의	
10	1	중간고사 기간 시작, 추석 연휴(3-6일)			추석 연휴 (3-6일), 어른 해피데이 (15일), 학교 심방 기간
	8	태신자 초청을 위한 기도 주간	교사 ATT(목)	ASK 10 학년별 모임	
	15	학습, 세례 문답, 치킨데이	학습, 세례 문답		
	22			부장, 팀장, 임원 회의	
	29	세례식(4일), 해피데이			

11	5			동계수련회 준비위원회 발족	추수감사절 (12일), 회기 마무리
	12	청소년부 총회, 추수감사주일		ASK 10, 수능(16일)	
	19	졸업 여행(24-25일), 소년부 홍보 기간			
	26	졸업 예배, 스킷 예배		부장, 팀장, 임원 회의	

교육 계획안

여호수아 청년1부

1. 교육 표어

3P로 승부하라

1P(Proclaim: 말씀의 선포와 복음의 선포), 2P(Prayer: 기도), 3P(Play: 교제)

2. 주제 성구

"그들이 사도의 가르침을 받아 서로 교제하고 떡을 떼며 오로지 기도하기를 힘쓰니라"(행 2:42).

3. 교육 목표

〈사명선언문〉

우리 여호수아 청년1부 공동체는 하나님 말씀의 선포를 들으며 실천하고 복음의 선포, 즉 전도하는 일에 사명을 다한다(1P). 또한 기도하는 일에 최선을 다하며(2P), 교제하는 일에 함께할 것을 다짐한다.

4. 실천 목표

1) 예배: 주일 예배와 삶의 예배를 통해 하나님을 섬긴다.

(주일 예배, 수련회, 야성 금식기도회, 특별새벽기도회, TP[매월 첫째 주 금요기도회])

2) 교제: 주님의 몸 된 교회를 세우기 위하여 교제를 통해 청년1부를 섬긴다.

(목장 모임, 연차 모임, 또래 모임, 리더 모임, 큐티 나눔, 각종 MT, 함방[함께하는 방학])

3) 양육: 교육과 훈련을 통해 하나님의 사람들과 청년1부를 섬긴다.

(VIPS반, 셀 리더 훈련, 예비 리더 훈련, 제자훈련, 성경·교리 공부, 말씀사경회, 독서 토론)

4) 사역: 각종 사역을 통해 청년1부를 세워 나감으로 섬긴다.

(교회 봉사, 교회학교 봉사, 목장 리더·임원 봉사, 각종 팀장, 지역 구제 사역)

5) 전도·선교: 그리스도인의 책임이자 의무인 지상명령(至上命令, The Great Commission)을 실천함으로 하나님과 교회, 지역을 영적으로 섬긴다.

(해피 데이 관계 전도, 캠퍼스 전도, 단기선교, 아웃리치)

5. 연간 계획

❶ 전반기(12월-5월)

월	일	교육 활동	내용	교회 행사
12	2	TP(Together Prayer) 또는 바다 기도회	매월 첫째 주 금요일 8시에 찬양, 말씀, 기도로 예배함	성탄절
	4	신입생 환영회 및 OT, 신입생 MT, 신입생 성경 공부, 상반기 목장 편성(4월 말까지), 우.목.소		
	11			
	18	RUN 준비, 목장별 MT 준비	현수막, 포스터, 명함	
	24	사회봉사활동		
	25	함방 신청서 배부, 리더 LT, 성탄절 모임(예배 후 선물 교환)		
	31			

1	6	TP 또는 바다 기도회, 제자훈련 MT	
	8	태신자 작정(1명에 2명), 연차별 MT, 방학 프로그램 실시	태신자를 작정해 1년간 기도하며 전도함
	15	겨울수련회 최종 신청, 겨울수련회(16-19일)	
	22	군 위문품 보내기, 구정 인사	
	29	비전트립	
2	3	TP 또는 바다 기도회	
	5	묶어 MT, 군 면회 심방	묶어 MT는 연차별로 묶어서 실시하는 MT
	12	말씀 사경회	
	19	Remember	Remember는 말씀사경회 형식으로 설교자를 초청해서 진행
	26		
3	2	상반기 캠퍼스 모임 실시	캠퍼스 방문
	3	TP 또는 바다 기도회, 국내외 선교 및 여름 수련회 준비 시작	
	5	해피데이 준비	
	12		
	19		
	26		
4	7	TP 또는 바다 기도회	
	9	종려주일	10-15일: 고난주간
	16	부활주일 달걀 콘테스트	
	23		
	30	체육대회 또는 소풍	
5	5	여름수련회 기획, TP 또는 바다 기도회	매월 첫째 주 금요일 8시에 찬양, 말씀, 기도로 예배함
	7	후반기 목장 편성(11월 말까지), 어린이주일	
	14	어버이주일, 스승의주일	어버이주일
	21	바자회	
	28	Family Day	청년1부의 단합을 위한 MT 형식의 프로그램, 장소는 미정

❷ 후반기(6월-11월)

월	일	교육 활동	내용	교회 행사
6	2	TP 또는 바다 기도회		
	4	국내외 선교, 여름수련회를 위한 릴레이 금식 기도		
	11			
	18			
	25	단기선교 기간		
7	2	맥추감사절		
	7	성경 공부 시작, 방학 프로그램 시작, TP 또는 바다 기도회		
	9	말씀사경회		
	16	비전트립		
	23			
	30	각 부서 여름 행사 지원		
8	4	TP 또는 바다 기도회		
	6			
	13	여름수련회		
	20	임원 리더 MT		
	27	Remember	Remember는 말씀사경회 형식으로 설교자를 초청해서 진행	
9	1	후반기 캠퍼스 모임 실시, TP 또는 바다 기도회		
	3			
	10			
	17			
	24			
10	1			
	8	전 교인 체육대회		
	15	TP(Together Prayer) 또는 바다 기도회		
	22	해피데이		
	29	총회		

11	3	TP(Together Prayer) 또는 바다 기도회		교회학교 수료식
	5	체육대회 또는 소풍		
	12			
	19	추수감사절 바구니 콘테스트		
	26	졸업식		

교육 계획안

여호수아 청년2부

1. 교육 표어
다시 복음으로!

2. 주제 성구
"내가 복음을 부끄러워하지 아니하노니 이 복음은 모든 믿는 자에게 구원을 주시는 하나님의 능력이 됨이라 먼저는 유대인에게요 그리고 헬라인에게로다"(롬 1:16).

3. 비전 선언문
우리의 비전은 성삼위 하나님의 통치가 임하는 공동체입니다.
이를 위해서,
첫째, 그리스도 안에서 자유와 행복, 기쁨과 찬양이 넘치는 축제의 예배가 드려지고, 모든 지체들이 참된 예배자들로 세워지게 합니다(예배).
둘째, 그리스도 안에서 서로를 따뜻하게 사랑하고 돌보는 교제를 통하여 공동체가 세워지고, 모든 지체들이 참된 교제자들로 세워지게 합니다(교제).
셋째, 성령의 인도하심 가운데 목장을 통하여 다 함께 그리스도를 닮는 성숙이 이루어지며, 모든 지체들이 다양한 성경 공부 훈련으로 세워지길 원합니다(성장).

넷째, 성령 안에서 이웃을 위해 헌신하는 참된 봉사의 사역들이 이루어지며, 모든 지체들이 봉사자들로 세워지길 원합니다(사역).

다섯째, 그리스도의 복음을 수많은 영혼들에게 증거하되, 젊은이들을 향한 구원 사역에 헌신하는 전도자들로 세워지며, 또한 복음을 전 세계에 전하되, 장·단기 선교 사역에 드려지며, 가든지, 보내든지 주님 앞에서 선교적인 헌신을 드리기 원합니다(증거).

4. 실천 목표

1) 공예배 참석 및 하나님과 교제하는 매일의 Basic Life(성경 읽기, 기도, 큐티)를 실천한다.

2) 서로 용납하고 용서하고 사랑하여 사랑의 공동체를 만든다.

3) GBS와 주중 커리큘럼 등을 통한 세계관 확립과 예수님을 닮아 가는 공동체를 만든다.

4) 그리스도의 몸 된 교회를 봉사하는 사역자가 되며 주님의 지상명령을 실천한다.

5. 모임 진행 특징 및 특별 프로그램

1) 매 주일 모임

❶ 대그룹 예배에 함께 동참, 수요 예배, 오후 예배 캠페인 실시

❷ 예배 후 여호수아 청년2부 전체 모임: 새가족 환영, 간단한 메시지, 광고, 축하 등 진행
❸ 소그룹 모임: 각 리더를 따라 소그룹으로 목장 모임 진행

2) 매주 임원, 리더 모임
❶ 토요일 오후 2시 진행
❷ 내용: 청년2부의 커리큘럼을 따라 GBS를 진행

3) 청년2부 특별 프로그램
❶ 임원, 리더 MT 및 결혼예비학교, 직장 세미나 진행
❷ 양육 프로그램으로 복음반, 확신반, 예비 리더 학교 등의 주중 커리큘럼 진행
❸ 여름과 겨울에는 신앙을 위한 수련회와 섬김을 실천하는 사역 수련회를 진행

6. 연간 계획

❶ 전반기(12월-5월)

월	일	교회 행사	주일 행사	주중 사역	비고
12	4	2016회기 사역 발표	신입생 환영회, 목장 OT, 신입생 교제	임원, 리더 수련회 (9-10일)	신입생 환영회, 출석부 정리, 임원 리더 수련회 및 심방
	11	공동의회	임원 리더 심방, 목장 언약 낭독		
	18	성탄 발표		선물 교환(24일)	
	25	송구영신예배	겨울수련회를 위한 릴레이 금식 기도(2주간)	수련회를 위한 별밤 기도회(23일)	

월	일	교회 행사	주일 행사	주중 사역	비고
1	1		겨울수련회 준비	겨울수련회(6-7일)	겨울 수련회, 목장 사진 촬영, 목장별 단합대회, 청년 목장 심방 및 정기 심방
	8		전체 모임(특강)	청년2부 심방 시작	
	15	교육대회	청년2부 목장 심방	별밤 기도회(20일)	
	22		목장별 단합대회(볼링대회)		
	29		설날(윷놀이)		
2	5				오후 예배 참석, Remember 집회
	12		전체 모임(특강)		
	19		Remember 집회(21일)	별밤 기도회(24일)	
	26				
3	5				2th Term 목장 기획, 별밤 기도회
	12		2th Term 목장 기획, 전체 모임(특강)		
	19			별밤 기도회(24일)	
	26				
4	2		전체 모임(특강)	전체 모임(특강)	목장 편재, 고난주간 특새, 부활절 계란 전도
	9		2th Term 목장 시작	고난주간 특새	
	16	부활절	부활절 계란 전도		
	23			별밤 기도회(28일)	
	30				
5	7		전체 모임(특강)		바자회 준비, 별밤 기도회, 해피데이 준비
	14				
	21	교회 바자회	해피데이를 위한 릴레이 금식 기도(2주간)		
	28		목장별 단합대회	해피데이 전도	

❷ 후반기(6월-11월)

월	일	교회 행사	주일 행사	주중 사역	비고
6	4		해피데이 605	릴레이 금식 기도	해피데이, 별밤 기도회
	11		전체 모임(특강)		
	18			별밤 기도회(23일)	
	25				

월	일		내용		비고
7	2		맥추감사주일		2th Term 수료식, 여름수련회 홍보 별밤 기도회
7	9		전체 모임(특강), 여름수련회 홍보		2th Term 수료식, 여름수련회 홍보 별밤 기도회
7	16		3th term 준비		2th Term 수료식, 여름수련회 홍보 별밤 기도회
7	23		목장별 식사	별밤 기도회(28일)	2th Term 수료식, 여름수련회 홍보 별밤 기도회
7	30		여름수련회를 위한 릴레이 금식 기도(3주간)	릴레이 금식 기도	2th Term 수료식, 여름수련회 홍보 별밤 기도회
8	6		여름수련회 등록, 수련회를 위한 특별기도회	릴레이 금식 기도	여름수련회, Remember, 별밤 기도회
8	13		전체 모임(특강)	여름수련회 (13-15일)	여름수련회, Remember, 별밤 기도회
8	20	교사대학 (21-23일)			여름수련회, Remember, 별밤 기도회
8	27		Remember(27일)	예비 리더 학교 모집	여름수련회, Remember, 별밤 기도회
9	3		예비 리더 학교(6주)	임원, 리더 수련회 (8-9일)	임원, 리더 수련회(8-9일), 예비 리더 학교, 별밤 기도회
9	10		전체 모임(특강)		임원, 리더 수련회(8-9일), 예비 리더 학교, 별밤 기도회
9	17			별밤 기도회(22일)	임원, 리더 수련회(8-9일), 예비 리더 학교, 별밤 기도회
9	24		청년부 헌신 예배 특송 연습		임원, 리더 수련회(8-9일), 예비 리더 학교, 별밤 기도회
10	1		청년부 헌신 예배	릴레이 금식 기도	청년부 헌신예배, 특별새벽기도회, 해피데이, 정기총회
10	8		해피데이를 위한 릴레이 금식 기도(2주간)	청년부 특새	청년부 헌신예배, 특별새벽기도회, 해피데이, 정기총회
10	15		해피데이 1016		청년부 헌신예배, 특별새벽기도회, 해피데이, 정기총회
10	22		예비 리더 학교 수료식	별밤 기도회(27일)	청년부 헌신예배, 특별새벽기도회, 해피데이, 정기총회
10	29		정기총회		청년부 헌신예배, 특별새벽기도회, 해피데이, 정기총회
11	5	문답식, 세례식	2018회기 기획		추수감사주일 준비, 2018회기 기획, 2018 목장 편재
11	12				추수감사주일 준비, 2018회기 기획, 2018 목장 편재
11	19	추수감사주일	추수감사 바구니	별밤 기도회(24일)	추수감사주일 준비, 2018회기 기획, 2018 목장 편재
11	26		목장 편재, 17회기 임원 리더 회식		추수감사주일 준비, 2018회기 기획, 2018 목장 편재

· 청년부 7년 커리큘럼에 대한 자료는 제5부 "모였다 흩어지기를 반복하는 여호수아 청년부" 참조

교육 계획안
사랑부

1. 교육 표어
서로 사랑하는 제자 공동체

2. 주제 성구
"너희가 서로 사랑하면 이로써 모든 사람이 너희가 내 제자인 줄 알리라"(요 13:35).

3. 교육 목표
1) 하나님 사랑: 하나님을 사랑하고, 말씀과 기도로 예수님의 제자로 성장할 수 있도록 한다.
2) 형제 사랑: 믿음의 형제, 자매들이 서로 사랑하며 양보하고 섬기는 예수님의 제자가 되도록 한다.

4. 실천 목표
1) 하나님 사랑
   ❶ 예배 훈련: 온 마음으로 예배를 드릴 수 있어요.
   ❷ 찬양 훈련: 기쁨으로 찬양을 드릴 수 있어요.

❸ 기도 훈련: 믿음으로 기도를 드릴 수 있어요.

2) 형제 사랑
❶ 인사 훈련: 반갑게 인사할 수 있어요.
❷ 섬김 훈련: 서로 돕고, 나누며, 함께할 수 있어요.
❸ 감사 훈련: 말과 행동으로 감사를 표현할 수 있어요.

5. 기타

1) 교사 기도회: 매월 마지막 주 월요일 오후 7시
2) 교사 특별새벽기도회, 릴레이금식기도회: 행사 전 2주부터
3) 특별 행사 준비 전날 반드시 저녁 기도회 오후 7시

6. 예배 시간

시간	내용	담당자
10:40-11:20	교사 기도회 및 회의	교역자, 부장
1:15-1:30	예배 전 교사들 기도	교역자
1:30-1:45	예배 준비	예배 팀
1:45-2:05	찬양 및 기도	찬양단
2:05-2:25	설교 말씀	교역자
2:25-2:30	헌금 및 축도	교역자
2:30-2:40	체조	부감
2:40-2:50	사랑부 친구 소개, 광고, 말씀 암송	부장
2:50-3:10	2부 활동 및 공과 공부	교육 팀
3:10-3:30	뒷정리 및 교사 회의	교사들

7. 연간 계획

❶ 전반기(12월-5월)

월	일	주제	교회 행사	부서 일정	비고
12	4	1/4 분기 싹 틔우기		선생님 소개 및 반 소개	명찰 제작, 반별 사진 촬영, 출석부 정리, 기록 카드 정리, 기도제목 작성, 교사 오리엔테이션 및 기도회
	11			공과 공부	
	18			공과 공부	
	25		성탄축하예배, 송구영신예배(31일)	생일잔치, 말씀암송대회, 성탄축하예배	
1	1		신년감사주일	공과 공부	반별 교사 심방, 반별 학생 심방, 전장연 세미나, 겨울성경학교 기도회 및 준비
	8			공과 공부	
	15		교사교육대회	겨울성경학교	
	22			공과 공부, 말씀암송대회	
	29		구정 연휴(27-30일)	레크리에이션	
2	5			공과 공부	교사대학, 분기별 평가회
	12			공과 공부	
	19		교사대학	토요돌봄서비스(18일), 특별활동	
	26			생일잔치, 말씀암송대회	
3	5			공과 공부	새 학기 현황 파악, 장애인의날 기념예배 준비
	12			공과 공부	
	19			토요돌봄서비스(18일), 특별활동	
	26			공과 공부, 말씀암송대회	
4	2	2/4 분기 관계 맺기	문답식(7일),	공과 공부	장애인의날 기념예배, 부모초청잔치 초청장 1, 2차 발송, 부활절 계란 바구니, 전장연 지역 세미나
	9		세례식(8일)	공과 공부	
	16		성찬식, 고난주간	토요돌봄서비스(15일), 장애인의날 기념예배, 부활주일	
	23		부활주일	생일잔치, 말씀암송대회	
	30		부흥성회	레크리에이션	
5	7		어린이주일	공과 공부	어린이날 선물 준비, 부모초청잔치 준비 및 기도회
	14		어버이주일	공과 공부	
	21		스승의주일	토요돌봄서비스(20일), 특별활동	
	28			공과공부, 말씀암송대회	

❷ 후반기(6월-11월)

월	일	주제	교회 행사	부서 일정	비고
6	4			봄 초청잔치(3일), 공과 공부	부모초청잔치 기도회, 분기별 평가회
	11		해피데이	공과 공부	
	18		단기선교	특별활동	
	25			생일잔치, 말씀암송대회	
7	2	3/4분기 무르익기	맥추감사주일	맥추감사주일, 공과 공부	여름성경학교 가정통신문 1차 발송, 성경학교를 위한 기도회 및 준비
	9			공과 공부	
	16			특별활동	
	23			토요돌봄서비스(22일), 성경학교 찬양 배우기, 말씀암송대회	
	30			레크리에이션	
8	6			공과 공부	여름성경학교, 가정통신문 2차 발송
	13			여름성경학교(11-13일)	
	20		교사교육대회	특별활동	
	27			생일잔치, 말씀암송대회	
9	3			공과 공부	해피데이 (부모와 함께하는) 기도회 및 전도, 1차 준비, 분기별 평가회
	10			공과 공부	
	17			토요돌봄서비스(16일), 특별활동	
	24			공과공부, 말씀암송대회	
10	1	4/4분기 마무리	추석 연휴(3-5일)	공과 공부	해피데이 (부모와 함께하는) 기도회 및 전도, 2차 준비, 세례 문답 준비
	8		전교인한마당, 체육대회(9일)	해피데이(9/30일), 공과공부	
	15		특별새벽기도회	특별활동	
	22		해피데이	생일잔치, 말씀암송대회	
	29		교사 감사의 밤, 문답식(3일), 세례식(4일)	레크리에이션	
11	5		성찬식	세례식(4일), 공과 공부	추수감사절 (과일 바구니 준비), 개근·정근·전도 암송대회상 준비, 연간평가회, 교사단합대회
	12		추수감사주일	공과 공부	
	19			토요돌봄서비스(18일), 특별활동, 추수감사주일	
	26			성경암송대회, 수료식 및 진급식	

사명선언문

너희가 흠이 없고 순전하여……세상에서 그들 가운데 빛들로
나타내며 생명의 말씀을 밝혀 _ 빌 2:15-16

1. 생명을 담겠습니다
만드는 책에 주님 주신 생명을 담겠습니다.
그 책으로 복음을 선포하겠습니다.

2. 말씀을 밝히겠습니다
생명의 근본은 말씀입니다.
말씀을 밝혀 성도와 교회의 성장을 돕겠습니다.

3. 빛이 되겠습니다
시대와 영혼의 어두움을 밝혀 주님 앞으로 이끄는
빛이 되는 책을 만들겠습니다.

4. 순전히 행하겠습니다
책을 만들고 전하는 일과 경영하는 일에 부끄러움이 없는
정직함으로 행하겠습니다.

5. 끝까지 전파하겠습니다
모든 사람에게, 땅 끝까지, 주님 오시는 그날까지
복음을 전하는 사명을 다하겠습니다.

서점 안내

광화문점	서울시 종로구 새문안로 69 구세군회관 1층 02)737-2288 / 02)737-4623(F)
강남점	서울시 서초구 신반포로 177 반포쇼핑타운 3동 2층 02)595-1211 / 02)595-3549(F)
구로점	서울시 동작구 시흥대로 602, 3층 302호 02)858-8744 / 02)838-0653(F)
노원점	서울시 노원구 동일로 1366 삼봉빌딩 지하 1층 02)938-7979 / 02)3391-6169(F)
분당점	경기도 성남시 분당구 황새울로 315 대현빌딩 3층 031)707-5566 / 031)707-4999(F)
일산점	경기도 고양시 일산서구 중앙로 1391 레이크타운 지하 1층 031)916-8787 / 031)916-8788(F)
의정부점	경기도 의정부시 청사로47번길 12 성산타워 3층 031)845-0600 / 031)852-6930(F)
인터넷서점	www.lifebook.co.kr